Dirk Traeger

Leistungsfähige IT-Infrastrukturen

Strukturierte Verkabelung – FTTO – POL

3., aktualisierte und erweiterte Auflage

Mit 128 Abbildungen

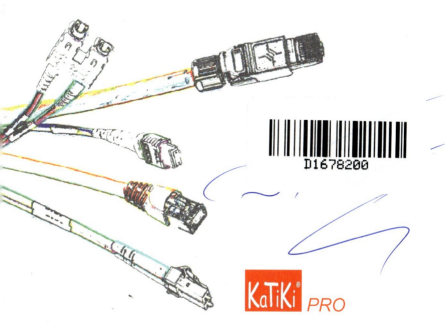

D1678200

KaTiKi® *PRO*

Wichtige Hinweise

Da die in diesem Buch zitierten einschlägigen Vorschriften, Normen, Standards und Herstellerangaben laufend aktualisiert werden, wird ausdrücklich darauf verwiesen, dass es erforderlich ist, jeweils deren neuesten Stand in der jeweils gültigen Fassung hinzuzuziehen. Wird in diesem Buch auf eine bestimmte Ausgabe einer Norm Bezug genommen, wird das Erscheinungsdatum angegeben. Fehlt dieses, so ist die jeweils gültige Fassung zu verwenden.

Die Informationen in diesem Buch wurden mit großer Sorgfalt recherchiert. Dennoch sind inhaltliche Fehler oder Fehler in der Darstellung nicht ganz auszuschließen. Verlag und Verfasser übernehmen keine juristische Verantwortung oder irgendeine Haftung für eventuell fehlerhafte Angaben und deren Folgen. Für Vermögens-, Sach- und Personenschäden wird daher im gesetzlich zulässigen Umfang eine Haftung ausgeschlossen.

Es wird ausdrücklich empfohlen, die in diesem Buch dargestellten Sachverhalte vor einer konkreten Realisierung/Anwendung durch einen Testaufbau selbst zu verifizieren und auf Verträglichkeit mit eventuell geplanten oder bereits eingesetzten Systemen zu prüfen.

Bezeichnungen von Marken und Warenzeichen sind in diesem Werk oftmals nicht besonders gekennzeichnet. Das Fehlen einer Kennzeichnung berechtigt nicht zu der Annahme, dass solche Bezeichnungen freie Warennamen seien und von jedermann benutzt werden dürften.

Bibliografische Information Der Deutschen Bibliothek

Die Deutsche Bibliothek verzeichnet diese Publikation in der Deutschen Nationalbibliografie; detaillierte bibliografische Daten sind im Internet über http://dnb.dnb.de abrufbar.

© Dirk Traeger, 2017, 2022
© KaTiKi Verlag, Amselweg 31, 71116 Gärtringen, 2022
Umschlagfoto: © Dirk Traeger
Alle Rechte vorbehalten.
Sections reproduced unter written permission from Telecommunications Industry Association.
Druck: WIRmachenDRUCK GmbH, Backnang

3. Auflage, 1. Nachdruck, Juni 2022, ISBN 978-3-939877-21-9
Die erste und zweite Auflage dieses Werkes sind im Joachim Treiber Meisterbuchverlag erschienen.

Vorwort

Das durchschnittliche Datenaufkommen aller deutschen Festnetze zusammen könnte problemlos in einer einzigen Glasfaser übertragen werden. Der Durchmesser einer solchen Faser beträgt nur 125 Mikrometer. Das ist dünner als der Punkt am Ende dieses Satzes.
In einer Kupferdatenleitung sind die Daten mit einer Geschwindigkeit von über 225.000 Kilometern pro Sekunde unterwegs. Wenn Sie sich in Stuttgart an einer Kupferleitung in den Finger stächen, dann wüssten der Administrator auf Island und der Hacker auf den Azoren bereits darüber Bescheid, bevor Sie den Piks selbst spürten.
Willkommen in der Welt der Datentechnik.

Seit der ersten Ausgabe der DIN EN 50173 im Jahre 1995 ist viel Zeit vergangen, doch das Thema der „richtigen" Verkabelung ist heute so aktuell wie damals. Technisch und wirtschaftlich interessante Alternativen wie Fiber To The Office (FTTO) und Passive Optical LAN (POL) haben sich längst in zahlreichen Projekten bewährt, und so stellt sich oft die Frage: Welche Infrastruktur ist die beste für mein Projekt? Dazu kommt, dass es von den drei Grundkonzepten eine Fülle von Varianten gibt, was die Entscheidung und die darauf aufbauende Planung und Ausführung nicht gerade erleichtert. Zudem werden viele Begriffe in der Praxis nicht einheitlich verwendet, sei es, weil es keine Norm für sie gibt, oder weil sich nicht alle daran halten.

Dieses Buch entstand aus der langjährigen Praxis in der Daten-/ Netzwerktechnik. Es soll Facherrichtern, Planern und Anwendern einen Überblick über aktuelle Verkabelungs-Infrastrukturen geben und deren jeweilige Besonderheiten gegenüberstellen.

Gärtringen, im Herbst 2021   Dirk Traeger

[Wer sich für die obigen zwei Beispiele näher interessiert, findet die zugehörigen Berechnungen in Kapitel 7.4 im technischen Anhang dieses Buches.]

Inhalt

1 Der Anfang:
Wie wir dahin kamen, wo wir heute sind

1.1 Kurze Geschichte der IT-Verkabelung

Die Verkabelung moderner Datennetze hat ihren Ursprung in der guten, alten Telefonverkabelung. Noch immer werden in Gebäuden meist Kabel mit verdrillten Kupferadern installiert. Nur der Anteil der Glasfasern ist je nach Verkabelungskonzept größer oder kleiner.

Die Netzstruktur ist prinzipiell gleich geblieben: Von einem zentralen Punkt verlaufen Leitungen sternförmig zu Verteilern und von dort zu weiteren Verteilern oder Endgeräten. Für eine höhere Ausfallsicherheit können die Verteiler derselben Netzebene (beispielsweise die Etagenverteiler) durch zusätzliche Querverbindungen miteinander verbunden sein.

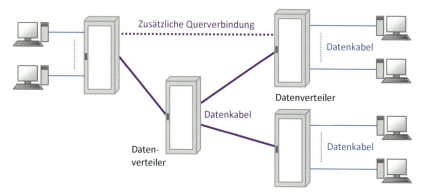

Bild 1.1: Beispiel für eine Sternstruktur, die grundlegende Verkabelungsstruktur von IT-Netzen.
Zusätzliche Querverbindungen zwischen Verteilern derselben Netzebene sorgen für eine größere Ausfallsicherheit.

Die ersten EDV-Anlagen bestanden aus großen Zentralrechnern, den so genannten Mainframes. Die Anwender arbeiteten an Terminals, die Bildschirm, Tastatur und ein Minimum an Rechenleistung besaßen, und die mit dem Mainframe oft über bessere Telefonleitungen verbunden waren. Als die Prozessoren („Chips") immer leistungsfähiger und günstiger wurden, entwickelten sich die Terminals zu persönlichen Arbeitsplatzrechnern, den Personal Computern, kurz PCs. Sie besaßen genügend Rechenleistung, um Aufgaben selbst bewältigen zu können. Die Mainframes entwickelten sich zu Servern, die den PCs verschiedene Dienste zur Verfügung stellten (engl. to serve = dienen).

Wie bei Terminalnetzen herrschten auch bei den ersten Computernetzen herstellerspezifische Lösungen vor. Dies betraf auch die Verkabelung. Wechselte man den Hersteller der aktiven Netzwerkkomponenten, so konnte es durchaus passieren, dass die Verkabelung ausgetauscht werden musste. Wer in den Anfangstagen der Datentechnik von Token Ring zu Ethernet wechseln wollte, musste oft neu verkabeln, was mit entsprechenden Kosten und Betriebsunterbrechungen verbunden war. Der Ruf nach einer universellen, für alle Anwendungen geeigneten Verkabelung wurde immer lauter, was in den USA zur Norm TIA-568, international zur ISO/IEC 11801 und darauf aufbauend in Deutschland zur DIN EN 50173 führte. Diese Normen legten erstmals eine universelle Verkabelungs-Infrastruktur fest. Die erste Ausgabe der DIN EN 50173 *Informationstechnik – Anwendungsneutrale Verkabelungssysteme* erschien 1995, also im vorigen Jahrtausend. Das klingt nach einer halben Ewigkeit, und in der schnelllebigen Welt der Datentechnik ist es das auch.

Mit einer anwendungsneutralen Verkabelung sollte es möglich sein, Geräte und Komponenten verschiedener Hersteller miteinander zu verbinden, so lange sich alle an die Normvorgaben halten. Dass dies in der Praxis nicht immer funktioniert liegt daran, dass Normen zwangsläufig Toleranzen für Komponenten und Baugruppen festlegen müssen. Liegen manche Komponenten einer Übertragungsstrecke dann an der oberen Grenze des zulässigen Toleranzbereichs und andere an der unteren, kann sich das in ungünstigen Fällen so auswirken, dass das Gesamtsystem nicht mehr zufriedenstellend funktioniert. Dies ist umso kritischer, je leistungsfähiger und damit anspruchsvoller die Datennetze werden. Toleranzen, die bei Fast Ethernet mit 100 Mbit/s kaum auffallen, können sich bei 10 Gigabit Ethernet verheerend auswirken. In der Praxis wird deshalb oft ein **Verkabelungssystem** eingesetzt, das aus aufeinander abgestimmten Komponenten eines Herstellers besteht. Manchmal veröffentlichen auch die Hersteller der Steckverbinder Tabellen, mit welchen Leitungen anderer Hersteller gute Ergebnisse zu erzielen sind und umgekehrt. In beiden Fällen werden zwar nicht mehr Verkabelungskomponenten verschiedener Hersteller beliebig gemischt, wie es der ursprüngliche Gedanke der Norm war, doch man erhält noch immer eine anwendungsneutrale Verkabelung, die von den Netzwerkprotokollen und von Fabrikat und Typ der aktiven Netzwerkkomponenten (Switch/Router) unabhängig ist.

Über das Datennetz wird mittlerweile eine Fülle unterschiedlicher Dienste und Anwendungen übertragen. Bilder mit hoher Auflösung, Multimedia-Anwendungen und HDTV benötigen hohe Datenraten. Multitasking – mehrere Dinge gleichzeitig ausführen – wie Chatten, Surfen im Internet, Herunterladen von Video-Clips und das Hochladen von Bildern und Videos auf Social-Media-Webseiten benötigen leistungsfähige Netzwerke. Wer glaubt, diese Anforderungen seien übertrieben, der spreche mal mit seinen Kindern. Für die junge Generation ist dieses elektronische Multitasking selbstverständlich geworden. Das gilt zunehmend auch am Arbeitsplatz.

1.2 Wieso ist die Infrastruktur so wichtig?

Egal, welche Dienste sie zur Verfügung stellen oder was sie berechnen, Computer arbeiten mit einer Folge von Einsen und Nullen. Mittlerweile sind Verkabelungen für 10 Gigabit Ethernet, das zehn Milliarden Einsen und Nullen pro Sekunde überträgt, Stand der Technik in Büro-, Industrie- und Wohngebäuden. Rechenzentren, die die ganze Datenflut verarbeiten müssen, verlangen noch weit mehr. Und ein Ende dieser Entwicklung ist nicht in Sicht.

Die Verkabelungs-Infrastruktur bildet dabei die Grundlage des gesamten Datennetzes. Sie ist das Fundament, auf dem die gesamte Datennetzwerktechnik aufbaut. Und wie bei einem Gebäude gilt: Stimmt es beim Fundament nicht, dann kann es nirgendwo stimmen.

Das beginnt bereits bei den einzelnen Komponenten wie Kabel, Anschlussdose und Patchkabel. Bei fehlerhaften und bei nicht zusammenpassenden Komponenten ist es oft noch recht einfach: Das Datennetz funktioniert nicht und man ist gezwungen, etwas dagegen zu tun. Mangelhafte oder schlecht zusammenpassende Komponenten sind schon schwerer zu erkennen, denn die Protokolle (Vorschriften), nach denen die Daten in Netzwerk übertragen werden, sind meist fehlertolerant. Erkennt der Empfänger, dass die Daten unvollständig oder fehlerhaft sind, fordert er sie einfach nochmals an, wenn nötig auch mehrmals. Der Haken dabei: Durch das mehrmalige Versenden der Daten wird das Netz langsam. Wer alles wiederholen muss, kann nicht viel mitteilen.

Dennoch wird an der Verkabelung allzu oft gespart. Dabei machen in vielen Projekten die Kosten für die Verkabelung im Schnitt gerade mal 5 bis 10 % der Gesamtkosten eines Datennetzes aus. Gleichzeitig ist die Verkabelung der Teil des Netzes, der am längsten halten muss. Aktive Komponenten wie Switches und Router werden häufig alle paar Jahre ersetzt, Software teilweise noch früher. Die Verkabelung ist oft die günstigste Komponente des Netzwerks, und gleichzeitig wird von ihr die längste Lebensdauer erwartet. 10 Jahre und länger sollte sie gemäß einschlägiger Normen halten, und wenn sie sachkundig geplant und fachgerecht installiert wurde, dann tut sie das meist auch.

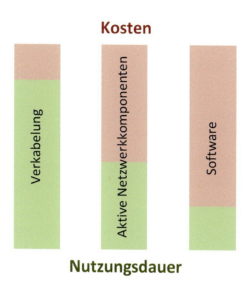

Bild 1.2: Typische Verteilung von Kosten und Nutzungsdauer in Datennetzen (Prinzipschaubild).

2 Der Klassiker: Strukturierte Verkabelung

2.1 Kurz das Wichtigste

Die klassische strukturierte Verkabelung basiert auf Kupferleitungen, die von den Etagenverteilern zu den Anschlussdosen im Anwenderbereich führen. Die Länge von Installations- und Patchkabel zusammen sollte höchstens 100 m Meter betragen, wobei in Bürobereichen das Installationskabel höchstens 90 m lang sein sollte. Als Stecker wird fast ausschließlich der RJ45 verwendet.

Die Etagenverteiler sind mit dem Gebäudeverteiler fast immer über Glasfaserkabel verbunden. Bei Längen bis 400 m werden meist Multimodefasern verwendet, darüber hinaus meist Singlemodefasern. Als Stecker hat sich der LC Duplex durchgesetzt, in älteren Netzen ist der SC Duplex und manchmal noch der ST-Stecker anzutreffen.

Falls an einem Standort mehrere Gebäude vorhanden sind, werden die verschiedenen Gebäudeverteiler mit dem Standortverteiler ebenfalls fast immer über Glasfaserkabel verbunden. Auch hier werden bei Längen bis 400 m meist Multimodefasern verwendet. In vielen Projekten werden auch bei Verkabelungen mit Multimodefasern zusätzlich Singlemodefasern verlegt. Bei Leitungslängen über 400 m werden fast ausschließlich Singlemodefasern eingesetzt. Als Stecker wird auch hier meist der LC Duplex verwendet, in älteren Netzen ist oftmals der SC Duplex oder der ST vorhanden.

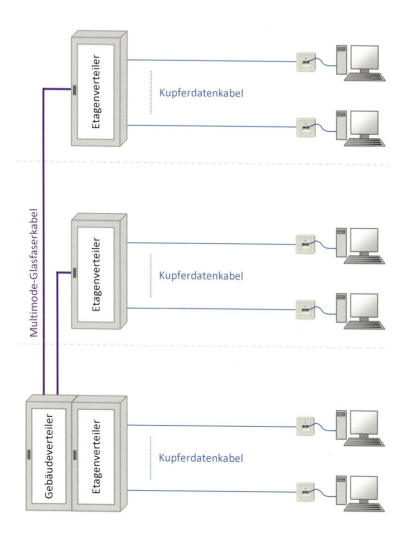

Bild 2.1: Beispiel für eine typische Struktur einer anwendungsneutralen Verkabelung, in der Praxis als „Strukturierte Verkabelung" bezeichnet.
(Produktfotos: Telegärtner).

2.2 Der Aufbau: Verkabelungsstruktur

Die verschiedenen Teile der DIN EN 50173 definieren die Verkabelung für verschiedene Anwendungsbereiche. Wenn man in der Praxis von „der strukturierten Verkabelung" spricht, bezieht man sich meist auf die Festlegungen für Bürogebäude, für welche die anwendungsneutrale Verkabelung ursprünglich entwickelt wurde. Die Verkabelungsstrukturen der anderen Gebäudetypen sind vom Grundsatz her ähnlich. Die klassische strukturierte Verkabelung ist in drei Bereiche gegliedert:

1. Die Verkabelung zwischen den verschiedenen Gebäuden (**Primärverkabelung**, engl. **campus network**),
2. die etagenübergreifende Verkabelung innerhalb eines Gebäudes zwischen dem Gebäudeverteiler und den Etagenverteilern auf den einzelnen Stockwerken (**Sekundärverkabelung**, engl. **riser**) und
3. die Verkabelung auf einer Etage zwischen Etagenverteiler und Anschlussdosen (**Tertiärverkabelung**, engl. **horizontal cabling**).

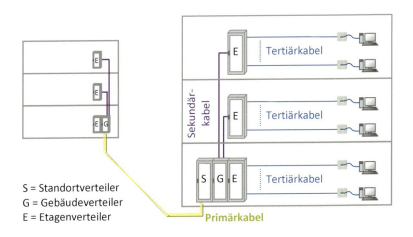

S = Standortverteiler
G = Gebäudeverteiler
E = Etagenverteiler

Bild 2.2: Beispiel für eine strukturierte Verkabelung nach DIN EN 50173-2:2018-10 im Überblick. (Produktfotos: Telegärtner).

In allen drei Bereichen werden die Leitungen sternförmig verlegt: vom Standortverteiler zu den Gebäudeverteilern, von den Gebäudeverteilern zu den Etagenverteilern und von dort zu den Anschlussdosen. Damit erhält man eine **hierarchische Sternstruktur**, also Sterne, an deren Spitzen sich wiederum Sterne befinden.

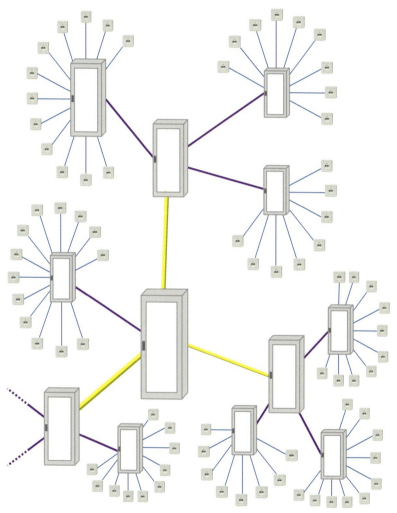

Bild 2.3: Beispiel für eine hierarchische Sternstruktur.
(Produktfotos: Telegärtner).

Gebäudeübergreifende Verkabelung (Primärverkabelung)

Die Gebäudeverteiler der einzelnen Gebäude sind fast immer über Glasfaserkabel mit dem Standortverteiler, dem zentralen Verteiler des gesamten Areals, verbunden. Bei Längen bis 400 m werden meist Multimodefasern der Kategorien OM4 bis OM5 verwendet, aus Gründen der Zukunftssicherheit werden meist zusätzlich Singlemodefasern der Kategorie OS2 verlegt. Bei größeren Leitungslängen werden überwiegend Singlemodefasern eingesetzt. Als Steckverbinder hat sich der LC-Duplex-Stecker durchgesetzt, in älteren Netzen ist häufig noch der SC Duplex und – seltener – der ST-Stecker anzutreffen.

Stockwerkübergreifende Verkabelung (Sekundärverkabelung)

Die Etagenverteiler sind mit dem Gebäudeverteiler meist über Glasfaserkabel verbunden. Bei Längen bis 400 m kommen hauptsächlich Multimodefasern der Kategorien OM4 bis OM5 zum Einsatz, bei größeren Längen werden meist Singlemodefasern der Kategorie OS2 verwendet. Kupferleitungen werden nur sehr selten stockwerksübergreifend eingesetzt, und wenn, dann oft in ungeschirmter Ausführung. Der Grund: Die Verteiler in unterschiedlichen Stockwerken können auf unterschiedlichen elektrischen Potenzialen liegen. Werden geschirmte Kupferleitungen verlegt und deren Kabelschirm ordnungsgemäß mit der Potenzialausgleichsschiene verbunden, können bei unterschiedlichen Potenzialen Ausgleichsströme über den Kabelschirm fließen, was zu Störungen und Beschädigungen führen kann. Auch die Gefährdung von Personen im Fehlerfall kann nicht sicher ausgeschlossen werden.

Die DIN EN 50173-1:2018-10 schreibt für die Verkabelung im Steigebereich keinen speziellen Steckertyp vor. Aufgrund seiner kompakten Abmessungen und seiner problemlosen Handhabung hat der LC-Duplex-Stecker seine Vorgänger SC Duplex und ST in neuen Installationen weitgehend abgelöst.

Etagenverkabelung (Horizontalverkabelung, Tertiärverkabelung)

Die empfohlene maximale **Leitungslänge** zwischen Etagenverteiler und Anschlussdosen beträgt nach DIN EN 50173-2:2018-10 für Bürobereiche 100 m. Das Installationskabel darf höchstens 90 m lang sein. Abhängig von der Länge aller Patchkabel in einer Verbindung muss das Verlegekabel kürzer als 90 m sein. DIN EN 50173-2:2018-10 enthält verschiedene Formeln, mit denen man die zulässige Höchstlänge des Verlegekabels berechnen kann, abhängig von der Gesamtlänge aller Patchkabel in der Verbindung und abhängig vom Typ der Verkabelungsstrecke (mit/ohne Rangierverteiler (cross-connection), mit/ohne Sammelpunkt – beide siehe weiter unten im Text). Die Normen für die anderen Gebäudetypen orientieren sich im Großen und Ganzen daran.

Je nach Größe eines Stockwerks sind ein oder mehrere Verteiler pro Etage vorzusehen. Das wird so hauptsächlich in Bürogebäuden angewandt, Verkabelungen für Rechenzentren, Wohnungen oder Fertigungshallen der Industrie können davon abweichen. Einzelheiten dazu findet man in den jeweiligen Teilen der DIN EN 50173 (Teil 3 für industriell genutzte Bereiche, Teil 4 für Wohnungen, Teil 5 für Rechenzentrumsbereiche, Teil 6 für verteilte Gebäudedienste).

Heutzutage werden meist geschirmte Kupferdatenleitungen der Kategorie 6_A oder höher verlegt. Als Steckverbinder kommt fast ausschließlich der RJ45 zum Einsatz, andere Steckertypen wie der GG45 oder der TERA sind sehr selten.

In Europa ist es üblich, aktive Netzwerkkomponenten wie beispielsweise Switches in den Verteilern über ein Patchkabel direkt mit den Anschlüssen in den Verteilfeldern zu verbinden. Diese direkte Verbindung wird als **Durchverbindung** (engl. **interconnection**) bezeichnet. In Amerika und damit auch in vielen Netzen amerikanischer Firmen in Europa wird die **Rangierung** (engl. **cross-connection**) bevorzugt. Dabei werden die Anschlüsse der aktiven Netzwerkkomponenten auf eigene Verteilfelder geführt. Die Leitungen werden auf das Verteilfeld hinten aufgelegt wie Installationskabel; am anderen Ende besitzen sie einen RJ45-Stecker, der in die Buchse der aktiven Netzwerkkomponente gesteckt wird. Mit Patchkabeln wird dann nicht mehr der Switch mit dem Verteilfeld verbunden, sondern nur noch Verteilfelder miteinander. Diese Technik kommt wie so vieles in der Datentechnik aus der klassischen Telefontechnik, wo zwischen einem teilnehmerseitigen und einem anlagenseitigen Feld rangiert wurde. Dabei kommt derjenige, der die Rangierungen/Patchungen ausführt, nicht mit der aktiven Technik (Telefonanlage oder Switch) in Berührung. In Bereichen mit erhöhten Sicherheitsanforderungen können bei Cross-Connection Verteilfelder und Switches in getrennten Schränken mit unterschiedlichen Schlössern untergebracht werden.

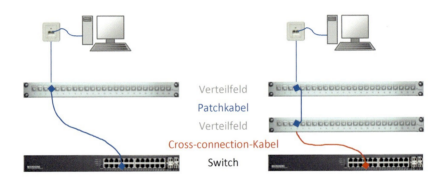

Bild 2.4: Beispiel für Durchverbindung (interconnection, links)
und Rangierverteiler (cross-connection, rechts).
(Produktfotos: Telegärtner, MICROSENS).

Da die Länge der verlegten Kupferdatenleitungen 90 m nicht überschreiten sollte, können je nach Fläche und Ausdehnung eines Stockwerks mehrere Etagenverteiler notwendig sein. Zusätzlich zur sternförmigen Verbindung zum übergeordneten Verteiler dürfen Verteiler einer Hierarchiestufe auch untereinander verbunden werden, also Etagenverteiler mit Etagenverteilern, Gebäudeverteiler mit Gebäudeverteilern. Durch diese zusätzlichen Leitungen können Redundanzkonzepte für ein Netz mit höherer Ausfallsicherheit geschaffen werden. Für weiterführende Einzelheiten hierzu siehe Kapitel 2.4.

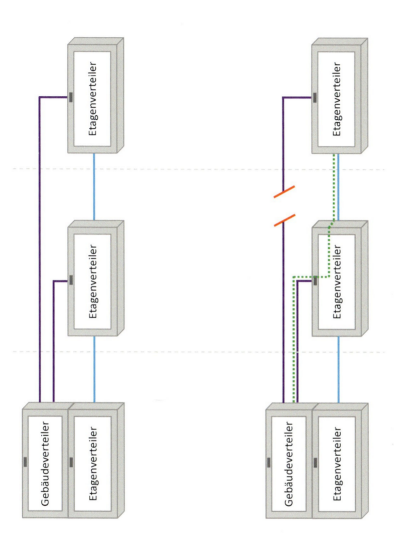

Bild 2.5: Beispiel für zusätzliche Verbindungen („Querverbindungen") von Verteilern derselben Netzebene untereinander. Dadurch sind auch bei Ausfall einer Verbindung alle Komponenten weiterhin über das Netz erreichbar.

Vor allem in Großraumbüros haben sich Verkabelungen mit **Sammelpunkt** (engl. **consolidation point**) bewährt. Dabei laufen mehrere Datenleitungen vom Etagenverteiler zu einer Ansammlung von Anschlüssen, beispielsweise in der abgehängten Decke oder im Doppelboden. Besonders beliebt sind fußbodenebene Bodentanks, die meist nicht weiter auffallen. In die Sammelpunktanschlüsse werden **Sammelpunktkabel** mit Stecker an einem und Buchse am anderen Ende eingesteckt. Die Buchse wird in eine Anschlussdose eingerastet, beispielsweise in einem Schreibtisch oder einem Konferenztisch. Endgeräte wie PCs oder Laptops werden dann mit einem Patchkabel an die Dose im Tisch angeschlossen. Streng genommen ist das Sammelpunktkabel nur das reine Kabel, in der Praxis wird der Begriff aber gerne für das gesamte Gebilde Stecker-Kabel-Buchse verwendet. Der Unterschied zwischen einem Sammelpunkt einer Ansammlung von Endgeräte-Anschlüssen liegt ausschließlich in der Nutzung. Werden beispielsweise in einen Bodentank Endgeräte über Patchkabel eingesteckt, dann wird der Bodentank nach DIN EN 50173-2:2018-10 als eine Gruppe von Anschlüssen für mehrere Arbeitsplätze betrachtet. Werden Sammelpunktkabel eingesteckt, wird er zum Sammelpunkt. Wie der Bodentank heißen soll, wenn beides eingesteckt wird, ist nicht bekannt. Für diesen Fall konnte der Autor keinen speziellen Fachbegriff in den einschlägigen Normen finden.

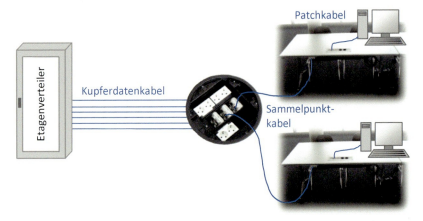

Bild 2.6: Beispiel für eine Verkabelung mit Sammelpunkt.
(Produktfotos: Telegärtner).

Die verschiedenen Teile der DIN EN 50173:2018 unterscheiden beim Übertragungsweg zwischen verschiedenen Streckentypen:

- Die **Installationsstrecke** (engl. **permanent link**, kurz **PL**) ist der fest installierte Teil der Verkabelung. In der Praxis ist dies meist die Strecke Verteilfeld – Installationskabel – Anschlussdose inklusive der Steckverbindungen. Die Installationsstrecke kann einen Sammelpunkt enthalten, muss aber nicht. Ohne Sammelpunkt bezeichnet die Norm sie als **Konfiguration B**, mit Sammelpunkt als **Konfiguration C**.
- Wenn Verteiler miteinander verbunden werden, wird die Strecke Verteilfeld – Installationskabel – Verteilfeld ebenfalls als **Installationsstrecke** oder als **Konfiguration A** bezeichnet.
- Falls ein Sammelpunkt vorhanden ist, wird die Strecke Verteilfeld – Installationskabel – Sammelpunkt inklusive Steckverbindungen als **Sammelpunktstrecke (consolidation point link**, kurz **CP link**) oder als **Konfiguration D** bezeichnet.
- Die **Übertragungsstrecke** (engl. **channel**, kurz **CH**) ist der gesamte Leitungsweg zwischen zwei elektronischen Geräten. Sie besteht in der Praxis meist aus Installationsstrecke plus Patchkabeln an beiden Enden. Übertragungsstrecken mit Rangierung (cross-connection) sind in Deutschland selten. Die erste und die letzte Steckverbindung (die im Switch und die im Endgerät) zählen nicht zur Übertragungsstrecke, was von den Messgeräten entsprechend berücksichtigt wird.
- Die **Verkabelungsstrecke** bezeichnet die Strecke zwischen zwei festgelegten Messpunkten („Prüfschnittstellen") einer Verkabelung, also beispielsweise die Sammelpunktstrecke oder die Installationsstrecke. In der Praxis wird der Begriff selten verwendet.

Nach der Installation wird meist die Installationsstrecke (permanent link) gemessen, da sie nicht mehr verändert wird. Die Übertragungsstrecke (channel) wird meist nur gemessen, wenn im Netzbetrieb ein Fehler auftritt, da dann der gesamte Leitungsweg mit einer einzigen Messung überprüft werden kann. Werden die Patchkabel getauscht, wird die Channelmessung ungültig, da die Übertragungsstrecke verändert wird.

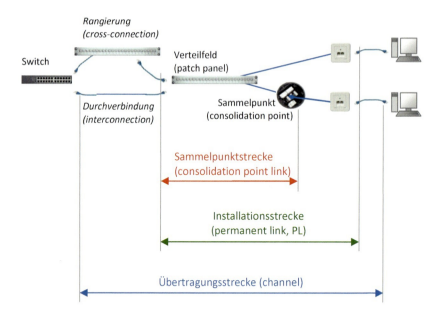

Bild 2.7: Beispiele für Sammelpunktstrecke, Installationsstrecke und Übertragungsstrecke.
(Produktfotos: MICROSENS, Telegärtner).

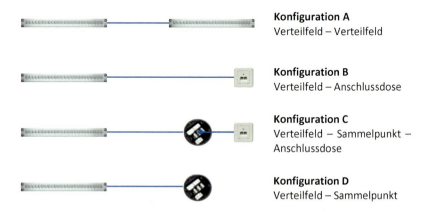

Bild 2.8: Beispiele für die Konfigurationen nach DIN EN 50173:2018-10.
(Produktfotos: Telegärtner).

Die Steckverbindungen am Ende einer Übertragungsstrecke, also am Switch oder am Endgerät, werden nicht mitgezählt. Die Anzahl der Steckverbindungen beeinflusst die übertragungstechnischen Eigenschaften einer Installationsstrecke. Soll beispielsweise die Strecke zwischen Verteilfeld und Anschlussdose gemessen werden, ist am Messgerät die Prüfvorschrift für die entsprechende Konfiguration oder das entsprechende Verkabelungsmodell zu wählen: mit 2 Steckverbindern für eine Verkabelung ohne Sammelpunkt, mit 3 Steckverbindern mit Sammelpunkt. Viele Messgeräte bieten diese Auswahl jedoch nur bei Installationsstrecken der Klassen E_A und F_A.

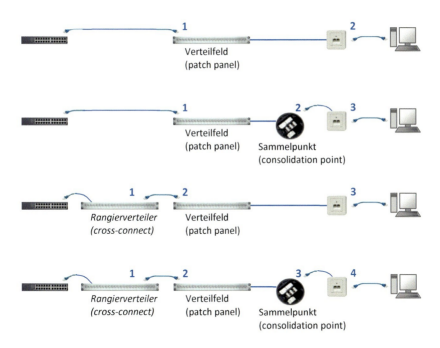

Bild 2.9: Beispiele für Übertragungsstrecken mit 2, 3 und 4 Steckverbindungen; die erste und die letzte Steckverbindung zählen nicht zur Übertragungsstrecke.
(Produktfotos: MICROSENS, Telegärtner).

Verteilte Gebäudedienste wie beispielsweise die Gebäudeautomation benötigen in vielen Fällen eine nicht-sternförmige Verkabelung. Je nach Anwendung können Geräte in Reihe, in einem Ring oder baumförmig verschaltet sein oder auch direkt mit einem Stecker angeschlossen werden. Nach DIN EN 50173-6:2018-10 muss ein **Dienstekonzentrationspunkt** als „Mini-Verteiler" installiert werden, nach TIA-568.2-D kann das Verlegekabel auch direkt mit einem Stecker abgeschlossen werden (**Modular Plug Terminated Link**, kurz: **MPTL**). Zu den Besonderheiten der Verkabelung für verteilte Gebäudedienste siehe Kapitel 6.2 und 6.3.

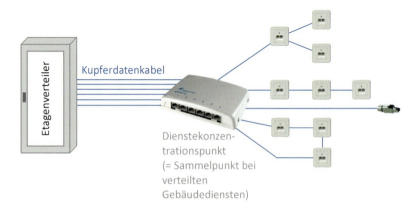

Bild 2.10: Beispiel für die Verkabelungsstruktur für verteilte Gebäudedienste.
(Produktfotos: Telegärtner).

Entscheidet sich ein Anwender für eine klassische strukturierte Verkabelung, kommen in der Stockwerksverkabelung – dem so genannten Tertiärbereich oder Horizontalbereich – zwischen Etagenverteiler und Arbeitsplatz fast immer Kupferkomponenten zum Einsatz. Glasfasern sind nach DIN EN 50173-2:2018-10 zwar ebenfalls vorgesehen, doch reine Glasfasernetze, bei denen auch die Endgeräte direkt mit Glasfasern angeschlossen werden, sind sehr selten. Entscheidet sich ein Anwender für eine Verkabelung mit Glasfasern bis zum Arbeitsplatz, wird fast immer ein FTTO-Netz (siehe Kapitel 3) oder – seltener – ein passives optisches LAN (POL, siehe Kapitel 4) installiert.

2.3 Die Einzelteile

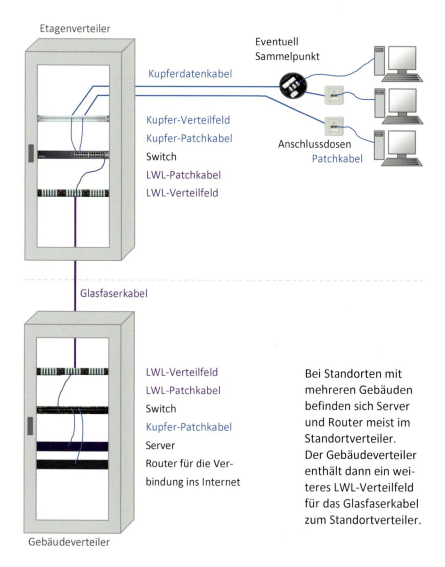

Bild 2.11: Beispiel für die Komponenten in einer strukturieren Verkabelung. (Produktfotos: Telegärtner, MICROSENS).

2.3.1 Passive Komponenten

2.3.1.1 Komponenten für Kupfernetze

Kupferverkabelungen gibt es in geschirmter und ungeschirmter Ausführung. In der Praxis trifft man zuweilen auf die wildesten Aussagen, die eher Stammtischreden gleichen als qualifizierten Feststellungen. Als gesichert (und nachweisbar) gilt:

- DIN EN 50173-1:2018-10 nennt sowohl geschirmte als auch ungeschirmte Verkabelungskomponenten.
- Verkabelungssysteme für Datenraten bis einschließlich zehn Gigabit pro Sekunde (10 Gigabit Ethernet 10GBASE-T) gibt es in geschirmter und ungeschirmter Ausführung.
- Weltweit gibt es wesentlich mehr funktionierende ungeschirmte Datennetze als geschirmte. Geschirmte Verkabelungen sind hauptsächlich in Deutschland, Österreich, Frankreich und der Schweiz anzutreffen, in den übrigen Ländern überwiegen meist ungeschirmte Netze bei Weitem.
- Für 40 Gigabit Ethernet (40GBASE-T) gibt es zur Zeit der Manuskripterstellung nur geschirmte Lösungen und auch das nur für eine maximale Streckenlänge von 30 m, weshalb diese Ethernet-Variante hauptsächlich in Rechenzentren, System-/ Serverräumen und bei Anschlüssen mit extremem Bandbreitenbedarf eingesetzt werden dürfte.
- Viele namhafte Hersteller von Verkabelungssystemen haben sowohl geschirmte als auch ungeschirmte Lösungen im Sortiment.
- Bei einer geschirmten Verkabelung müssen Erdung und Potenzialausgleich tipptopp in Ordnung sein. DIN EN 50310 „Telekommunikationstechnische Potentialausgleichsanlagen für Gebäude und andere Strukturen" enthält entsprechende Vorgaben. Um Probleme durch die Erdung des Kabelschirms zu vermeiden, greifen manche Anwender zu einer ungeschirmten Verkabelung. Besonders in älteren Gebäuden, wo

die Elektroinstallation den VDE-Vorschriften entspricht, der Potenzialausgleich die Anforderungen für geschirmte IT-Verkabelungen aber nicht erfüllt, werden in der Praxis gerne ungeschirmte Verkabelungen installiert. Ungeschirmte Kabel sind so konstruiert, dass sie die Vorgaben der Verkabelungs- und Komponentennormen wie auch die Anforderungen an die elektromagnetische Verträglichkeit einhalten. Namhafte Hersteller geben darauf umfangreiche Garantien von zwanzig Jahren und mehr.

Zur Zeit der Manuskripterstellung gibt es:

- ungeschirmte Komponenten bis einschließlich Kategorie 6_A
- geschirmte Komponenten für alle Kategorien
- RJ45-Steckverbinder in den Kategorien 5, 6, 6_A und 8.1
- Stecker mit hervorragenden übertragungstechnischen Werten in den Kategorien 7, 7_A und 8.2, die jedoch nicht steckkompatibel mit dem RJ45 sind. Eine Ausnahme stellt die GG45-Buchse dar, die sowohl den GG45- als auch den RJ45-Stecker aufnehmen kann; ARJ45-Steckverbinder sind nach Herstellerangaben steckkompatibel zu GG45.

Wird neu verkabelt, dann werden mittlerweile meist Komponenten der Kategorie 6_A eingebaut. Der Preisunterschied zur Kategorie 6 ist meist nicht mehr besonders groß, und man kann das Netz länger nutzen. Oft werden dabei auch Leitungen der Kategorie 7 oder 7_A verwendet, was zwar beeindruckend aussieht, aber zumindest bei Ethernet nicht viel bringt, denn 10GBASE-T, die 10-Gigabit-Ethernet-Variante für Twisted-Pair-Leitungen, nutzt nur den Frequenzbereich bis 500 MHz. Auch Leitungen für Frequenzen bis 1200 MHz oder gar 1500 MHz, die dabei die Kategorie 7_A sogar noch übertreffen, ändern nichts daran. Wollte man das Netz zumindest von der Kabelseite zukunftssicher gestalten, müsste man zu Leitungen der Kategorie 8 oder höher greifen, die sich für 40 Gigabit Ethernet eignen. Diese Ethernet-Variante belegt nach IEEE 802.3:2018 einen Frequenzbereich bis 2000 MHz, ist jedoch auf eine Streckenlänge von 30 m inklusive Patchkabel beschränkt. Auch für 25 Gigabit Ethernet (25GBASE-T) sind in DIN EN 50173-1:2018-10 Komponenten der Kategorie 8.1 oder 8.2 und nach

DIN EN 50173-5:2018-10 eine maximale Streckenlänge von 30 m festgelegt. Nach ISO/IEC TR 11801-9909 könnte 25GBASE-T mit Komponenten der Kategorie 8.1 oder 8.2 auch über eine Streckenlänge von 50 m funktionieren, nach ISO/IEC TR 11801-9905 könnte 25GBASE-T in bestehenden Verkabelungen aus Komponenten der Kategorie 6_A auch 12 m weit übertragen werden. Für Einzelheiten zur Verkabelung für 25 Gigabit Ethernet siehe Kapitel 7.1.1 Übertragungsklassen, Kategorien, Leitungslängen. Da ist es vielleicht ganz sinnvoll zu überlegen, wann die 10 Gigabit pro Sekunde, welche die Komponenten der Kategorie 6_A ermöglichen, am Arbeitsplatz wirklich nicht mehr ausreichen.

In der Praxis hat sich gezeigt, dass es oft sehr viel mehr bringt, die Leistungsfähigkeit der gesamten Installationsstrecke durch Komponenten, die aufeinander abgestimmt sind, sicherzustellen, als ein paar Megahertz mehr im Datenblatt des Kabels zu haben, die nicht genutzt weden. Viele Anwender greifen daher zu einem so genannten **Verkabelungssystem**, bei dem sie die Gewissheit haben, dass Verteilfeld, Kabel, Anschlussdosen und Patchkabel optimal zueinander passen.

Installationskabel

Kupferdatenleitungen für die feste Verlegung („**Verlegekabel**", „**Installationskabel**") sollten nach DIN EN 50173-2:2018-10 nicht länger als 90 m sein. Es gibt sie in verschiedenen Ausführungen, die sich hauptsächlich in der Art der Schirmung unterscheiden. Besitzt das Kabel einen Schirm, dann ist dieser nach den Vorgaben der DIN EN 50174-2 zu erden, damit er seine Schutzwirkung möglichst gut entfalten kann.

Werden die Endgeräte mit Power over Ethernet über die Datenleitung auch mit Strom versorgt, dann ist es empfehlenswert, Leitungen mit möglichst großem Leiterquerschnitt zu wählen, um Erwärmung und Verluste möglichst klein zu halten. In zahlreichen Versuchen haben Bündel aus geschirmten Leitungen eine geringe Erwärmung als Bündel aus ungeschirmten Leitungen aufgewiesen, besonders, wenn die

Leitungen in Umgebungen in Dämmstoff verlegt wurden. Siehe hierzu auch Kapitel 6.4 Fernspeisung (Remote Powering).

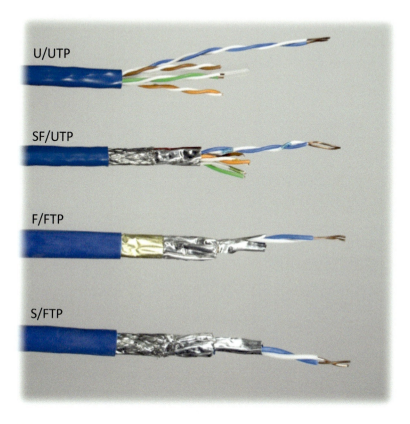

Bild 2.12: Beispiele für gebräuchliche Typen von Kupferdatenleitungen. Dabei bedeuten:
U = ungeschirmt
S = Geflechtschirm (z.B. aus feinem, verzinntem Kupferdraht)
F = Folienschirm (z.B. aus metallisierter Kunststofffolie).
Der Buchstabe vor dem „/" steht für den Gesamtschirm der Leitung, der danach für den Schirm der einzelnen Adernpaare. „TP" steht für „Twisted Pair", was bedeutet, dass die Adern paarweise miteinander verdrillt sind.

Stecker

Als Steckverbinder für die Datentechnik hat sich der RJ45 weltweit durchgesetzt. Gelegentlich sind auch andere Typen anzutreffen, die nach DIN EN 50173-1:2018-10 ebenfalls zulässig sind, beispielsweise der GG45 und der TERA.

Bild 2.13:   Beispiele für Steckverbinder nach DIN EN 50173-1:2018-10:
RJ45 (links), GG45 (Mitte) und TERA (rechts);
obere Reihe Buchsen, untere Reihe Stecker.

Verteilfelder

Die Bezeichnungen für Verteilfelder sind vielfältig: **Patchfeld, Patchpanel/Patch Panel, Rangierfeld, Rangierverteiler, Verteilerfeld** ... manche Anwender sprechen sogar vom Paneel oder schlicht vom Verteiler.

Verteilfelder gibt es in verschiedenen Ausführungen, was die Größe, die Montage und die Art betrifft, wie die Datenleitungen aufgelegt werden. Sie können **leiterplattenbasierend** sein, was bedeutet, dass sie eine oder mehrere große Leiterplatten enthalten, in die die Buchsen und die Anschlussblöcke eingelötet sind. Im Gegensatz dazu wird bei **modularen Verteilfeldern** jede Datenleitung auf ein eigenes Anschlussmodul aufgelegt; das Verteilfeld besteht dann nur noch aus einer Rahmenkonstruktion, in die die Module eingerastet werden. Die Arbeit mit Modulen ist recht einfach, weshalb modulare Lösungen immer beliebter werden. Außerdem können bei modularen Lösungen Anschlüsse auch nachträglich recht einfach eingefügt oder getauscht werden.

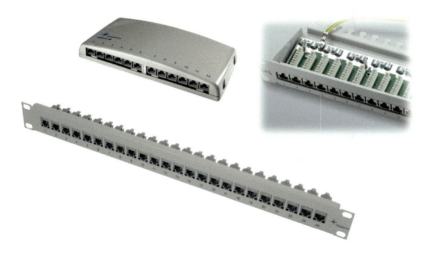

Bild 2.14:   Beispiele für verschiedene Bauformen von Verteilfeldern:
Wandverteiler (oben links),
19" mit Leiterplatte (oben rechts)
und 19" mit Einzelmodulen (unten).
(Produktfotos: Telegärtner).

Die mit Abstand häufigste Montageart bei Verteilfeldern ist der Einbau in einen Datenverteilerschrank mit senkrechten Befestigungsleisten, die 19 Zoll (kurz: 19", ca. 48,3 cm) auseinander stehen. Dieser 19"-Einbau hat sich international durchgesetzt und ist in nahezu allen

Datennetzen zu finden. Sehr selten wird das Einbaumaß von 10 Zoll (ca. 25,4 cm) verwendet. Bei kleinen Netzen verzichtet man gerne auf einen großen Verteilerschrank und greift zu einem kleinen Wandverteiler mit Metall- oder unauffälligem Kunststoffgehäuse und integriertem Verteilfeld.

Anschlussdosen

Die Anschlussdose (**Dose**, **Datendose**, **Geräteanschlussdose**, **informationstechnischer Anschluss**, **Outlet**) ist das Gegenstück zum Verteilfeld am anderen Ende der Leitung. Wie der Name schon sagt, ist sie zum Anschluss von Geräten gedacht. Fast immer verwendet sie denselben Buchsentyp wie das Verteilfeld. Wie beim Verteilfeld gibt es auch bei Dosen sowohl **leiterplattenbasierende** Ausführungen mit Leiterplatten und Anschlussblöcken als auch **modulare** mit einzelnen Anschlussmodulen. Manche geschirmten Dosen/Module besitzen einen Anschluss für den Potenzialausgleich ("Erdungsanschluss"), so dass die Installationsstrecke nicht nur am Verteilfeld, sondern an beiden Enden geerdet werden kann.

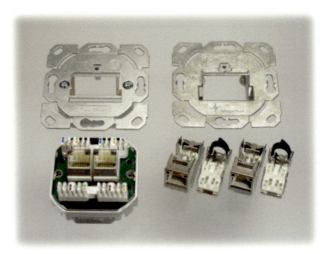

Bild 2.15: Beispiele für eine Dose mit Leiterplatte und Anschlussblöcken (links) und mit Modulen (rechts).

Dosen gibt es

- für die Montage unter Putz (uP), bei der die Dose mehr oder weniger flächenbündig in eine Wand eingebaut wird; dabei sind die Tiefe der Unterputzdose/Hohlwanddose (des „Kunststoffbechers", in den die Dose eingebaut wird) und der Anschlussdose sowie die Kabelzuführung zu beachten. Nicht jede Anschlussdose eignet sich für die Montage unter Putz.
- für die Installation in einem Kabelkanal oder einer Installationssäule,
- für den Einbau in Bodentanks (unter Flur, kurz: uF),
- und für die Montage auf Putz (aP), bei der die Dose mit einem eigenen Aufputz-Gehäuse geliefert oder in das Gehäuse eines Schalterprogramm-Herstellers eingebaut wird.

Dosen, in denen RJ45-Buchsen waagerecht eingebaut sind, werden umgangssprachlich als **Geradauslassdosen** bezeichnet. Die eingesteckten Patchkabel stehen ein gutes Stück waagerecht von der Dose ab, was in der Praxis oftmals unerwünscht ist, sei es, um Stolperfallen zu vermeiden, oder einfach aus ästhetischen Gründen. Bei so genannten **Schrägauslassdosen** sind die RJ45-Buchsen in einem Winkel von beispielsweise 30 oder 45 Grad eingebaut, wodurch die Patchkabel näher an der Wand nach unten führen. Alternativ dazu können bei Dosen mit geradem Auslass auch Patchkabel mit gewinkeltem Kabelabgang eingesetzt werden.

Manche Dosen eignen sich sowohl für die waagerechte als auch für die senkrechte Montage, was recht praktisch ist, weil man dann denselben Dosentyp für verschiedene Installationsarten nutzen kann. **Designfähige Dosen** können in verschiedene Installationsprogramme („Schalterprogramme") integriert werden und sehen dabei auch noch gut aus. Dosen für die Unterputz-Montage und den Kanaleinbau gibt es mit einem, zwei und drei Anschlüssen; Ausführungen für die Montage auf Putz oder in Bodentanks können deutlich mehr Anschlüsse besitzen.

Bild 2.16:   Beispiele für Anschlussdosen.
Obere Reihe von links nach rechts: Kanaleinbau einfach,
zweifach, dreifach (mit Staubschutzklappen).
Untere Reihe von links nach rechts: Montage unter Putz (uP),
Bodentankeinbau, Montage auf Putz (aP).
(Produktfotos: Telegärtner).

Patchkabel

Für kaum eine andere Komponente der Übertragungsstrecke gibt es so viele verschiedene Bezeichnungen wie für das Patchkabel: **Rangier-kabel**, **Anschlusskabel**, **Patchcord**, **Schnur**, **Rangierschnur**, **Ge-räteanschlussschnur**, **Geräteverbindungsschnur**, **Durchverbin-dungsschnur** (das steht tatsächlich so in den Normen) und einige mehr. Und keine andere Komponente wird so sträflich vernachlässigt wie sie. Billigware, die laut Hersteller die Normvorgaben der jeweiligen Komponentenkategorie erfüllt, sorgt immer mal wieder für Ärger. Die Einkaufsabteilung eines Unternehmens weist verständlicherweise darauf hin, dass das erfreulich günstige Patchkabel der von der IT-Abteilung geforderten Kategorie entspricht und dass die Verkabelungsnormen mit ihren Komponentenkategorien schließlich geschrieben wurden, um Produkte verschiedener Hersteller miteinander mischen zu können. Trotz der guten Absicht der Normungsgremien hat sich in der Praxis leider allzu oft herausgestellt, dass es nicht ganz so einfach ist. Jede Komponente einer Anlage – auch einer Verkabelungsanlage – besitzt Toleranzen. Diese werden zwar in den Normen festgelegt, doch wenn sich einzelne Komponenten am oberen Ende, andere am unteren Ende des zulässigen Toleranzbereichs bewegen, dann kann es passieren, dass sich das so unglücklich aufsummiert, dass das Gesamtgebilde nicht mehr so funktioniert, wie es sollte. Daher empfehlen die Hersteller von Verkabelungssystemen, Patchkabel einzusetzen, die auf die übrigen Komponenten der Verkabelung abgestimmt sind. Und wenn man bedenkt, was die Fehlersuche an Zeit (und damit Geld) kostet, bis man dahinter kommt, dass die Netzprobleme, mit denen man gerade kämpft, nicht durch das letzte Software-Update oder die Konfigurationen von Switch und PC/Laptop, sondern durch ein billiges Patchkabel verursacht werden, ist der Mehrpreis für gute, auf die vorhandene Verkabelung abgestimmte Kabel meist vergleichsweise gering.

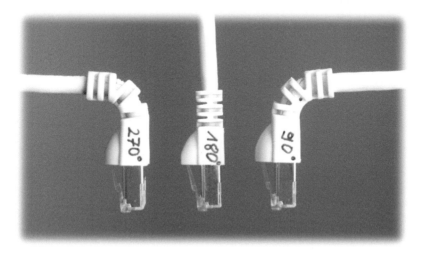

Bild 2.17:   Beispiele für Patchkabel mit gewinkelter Knickschutztülle
mit 270, 180 und 90 Grad (von links nach rechts).

Für Anwendungen, bei denen ein Patchkabel mit geradem Kabelabgang hinderlich wäre, gibt es Ausführungen mit gewinkelten Knickschutztüllen. Neben der Standardausführung von 180 Grad (Stecker und Kabel stehen in einem Winkel von 180 Grad zueinander – das Kabel verlässt den Stecker also auf geradem Weg), gibt es auch welche, bei denen die Knickschutztülle des Steckers rechtwinklig nach oben oder unten gebogen ist (90 bzw. 270 Grad). Patchkabel mit Kabelabgang nach rechts oder links sind ebenfalls erhältlich. Man sollte die Tülle eines Patchkabels mit geradem Kabelabgang nicht selbst rechtwinklig biegen, die mechanische Belastung der Adern ist dabei meist zu groß. Außerdem besteht die Gefahr, dass das Kabel am Ende der Tülle knickt. Beides führt meist dazu, dass das Patchkabel nicht mehr richtig funktioniert.

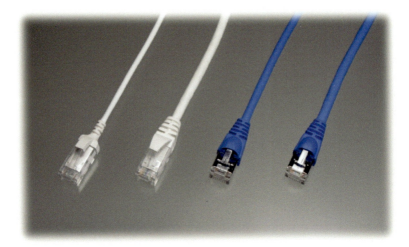

Bild 2.18: Beispiele für Mini- und Standard-Patchkabel.
Weiß: Kat. 6 U/UTP (links Mini-, rechts Standard-Patchkabel)
Blau: Kat. 6_A S/FTP (links Mini-, rechts Standard-Patchkabel).

Besonders dünne Patchkabel (so genannte **Mini-Patchkabel**) können recht praktisch sein. Sie beanspruchen weniger Platz als herkömmliche Kabel, was in Verteilern mit vielen Anschlüssen eine echte Erleichterung sein kann. Zum einen werden die Verbindungen übersichtlicher, zum anderen kann in Schränken, in denen auch Switches oder Server eingebaut sind, die Kühlluft besser zu diesen Geräten strömen. Je dünner die Kabel, desto weniger sind sie der kalten Luft im Weg. Falls Endgeräte über die Datenleitung auch mit Strom versorgt werden, beispielsweise durch eine der Power-over-Ethernet-Arten, empfiehlt es sich zu prüfen, ob der Aderquerschnitt des dünneren Patchkabels dafür ausreicht und welchen Einfluss es auf die Gesamtlänge der Übertragungsstrecke hat, die dadurch oft kürzer ausfällt.

Sammelpunktkabel

Streng genommen ist das Sammelpunktkabel nur das reine Kabel ohne Stecker und Buchsen an den Enden. In der Praxis hat sich die Bezeichnung aber für das komplett konfektionierte Produkt eingebürgert. Im Englischen unterscheidet man eher: **consolidation point cable** für das reine Kabel, **consolidation point cable assembly** für das konfektionierte Produkt; aber auch hier verschwimmen die Grenzen. Je nach Hersteller und Kabelkategorie wird Kabel mit massiven, eindrähtigen Adern oder mit flexiblen, mehrdrähtigen Adern verwendet. Sammelpunktkabel werden gerne für Tische mit integrierten Anschlüssen in Großraumbüros, Schulungs- und Besprechungsräumen eingesetzt, wo sie die Verbindung zwischen der Anschlussdose im Tisch und der Buchse im Bodentank schaffen. Das RJ45-Anschlussmodul des Sammelpunktkabels wird in die Halterung des Tisches eingerastet, der Stecker in die Anschlussdosen im Bodentank gesteckt.

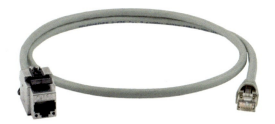

Bild 2.19:   Beispiel für ein Sammelpunktkabel.
(Produktfoto: Telegärtner).

2.3.1.2 Komponenten für Glasfasernetze

In der klassischen strukturierten Verkabelung werden Glasfasern hauptsächlich zwischen Gebäuden und stockwerkübergreifend innerhalb eines Gebäudes verlegt.

Zwischen den Gebäuden (dem so genannten Primärbereich) kommen wegen der großen Leitungslängen und aus Gründen der Zukunftssicherheit (hohe Datenraten!) meist Singlemodefasern der Kategorie OS2 zum Einsatz. Selbst wenn Gebäude nah beieinander stehen und deshalb Kabel mit Multimodefasern verlegt werden, lassen viele Anwender zusätzlich noch ein Kabel mit 12 oder 24 Singlemodefasern legen.

Stockwerkübergreifend (im so genannten Sekundär- oder Steigebereich) kommen fast immer Multimodefasern zum Einsatz. Zunehmend werden hier Kabel mit mindestens 8 Fasern und MPO-Steckern verlegt. Damit kann auch 40 Gigabit Ethernet normkonform über eine Entfernung von bis zu 150 m mit Fasern der Kategorie OM4 und bis zu 100 m mit Fasern der Kategorie OM3 übertragen werden. 100 Gigabit Ethernet über Multimodefasern benötigt zur Zeit der Manuskripterstellung für die gleichen Längen 20 Fasern, eine Variante mit 8 Fasern ist in Arbeit, die maximale Leitungslänge wird jedoch voraussichtlich kürzer sein. In der Praxis sind bei vorkonfektionierten Glasfaserstrecken mit MPO-Steckern meist Kabel mit 12 Fasern anzutreffen. Dies hat historische Gründe; in Kabeln mit hoher Faserzahl sind diese meist in Gruppen von 12 Fasern zusammengefasst. 40 und 100 Gigabit Ethernet mit 8 bzw. 20 Fasern kamen erst sehr viel später. Mit Multimodefasern der Kategorie OM5 können 40 und 100 Gigabit Ethernet auch über zwei Fasern übertragen werden, als Stecker ist der LC Duplex vorgesehen.

Grundsätzlich ist in den Normen auch eine reine Glasfaserverkabelung mit Glasfaser-Anschlussdosen im Anwenderbereich vorgesehen, was unter dem Namen Fiber To The Desk (FTTD) bekannt ist. Als Stecker ist nach DIN EN 50173-2:2018-10 der LC Duplex vorgesehen, in älteren Ausgaben dieser Norm war es der SC Duplex. Bei FTTD-Netzen müssen auch die Endgeräte einen Glasfaseranschluss besitzen. Solche Anschlüsse sind vergleichsweise teuer und FTTD-Netze sind entsprehend selten. Glasfasernetze bis zum Arbeitsplatz werden in der Praxis meist als FTTO-Netze (Fiber To The Office) mit Micro-Switches oder als POL (Passive Optical LAN) mit ONTs (Optical Network Terminals) ausgeführt. Micro-Switches und ONTs besitzen neben der Glasfaserverbindung ins Netz meist vier RJ45-Anschlüsse für Endgeräte. FTTO wird in Kapitel 3 ausführlich behandelt, POL in Kapitel 4.

Installationskabel

Im Steigebereich eines Gebäudes kommen meist **Bündeladerkabel** zum Einsatz, da sie auch bei hoher Faserzahl nur wenig Platz benötigen. Die Fasern liegen meist in Gruppen von zwölf Fasern in dünnen Schutzröhrchen. Bündeladerkabel mit nur einem (meist etwas dickerem) Röhrchen werden als **Zentralbündelader** bezeichnet, Kabel mit mehreren Röhrchen als **verseilte Bündelader**. Bei beiden Bündeladerkabeltypen besitzen die Fasern als Isolierung nur das so genannte Primärcoating mit einem Außendurchmesser von circa 250 μm (0,25 mm). Stecker an solche Fasern direkt zu montieren, ist sehr schwierig, und so verwendet man meist so genannte **Pigtails** – das sind Stecker, die vom Hersteller mit einem Stück Glasfaser versehen und fix und fertig geschliffen und poliert sind. Das Faserende wird an die Faser des Bündeladerkabels gespleißt. Dazu werden die Enden von Pigtail und Faser des Kabels abisoliert („abgesetzt"), gereinigt, möglichst gerade gebrochen und miteinander verschweißt (sog. thermischer Spleiß). Es gibt auch mechanische Spleiße, bei denen die Fasern nur gegeneinander gepresst werden. Sie sind schnell und einfach und meist ohne Sonderwerkzeug zu montieren, erreichen aber meist nicht die hervorragenden optischen Werte thermischer Spleiße, weshalb sie seltener eingesetzt werden, beispielsweise für schnelle Reparaturarbeiten. Sollen Stecker direkt auf die Glasfasern montieren werden, werden in der Praxis meist **Breakout-** oder die dünneren **Mini-Breakoutkabel** verwendet. Die Glasfasern in solchen Kabeln besitzen eine robuste Aderisolierung und meist auch solide Zugentlastungselemente.

In Gebäuden können **Innenkabel** eingesetzt werden, im Außenbereich, wo mit Feuchtigkeit, Sonneneinstrahlung oder Nagetieren zu rechnen ist, bieten **Außenkabel** einen entsprechenden Schutz der Glasfasern. Da Außenkabel aus Brandschutzgründen meist nicht im Gebäude verlegt werden dürfen, sind so genannte **Universalkabel**, die für beide Umgebungen zugelassen sind, recht beliebt. Sie bieten meist einen sehr guten Schutz vor Wasser und UV-Strahlen und dürfen je nach Ausführung direkt in der Erde verlegt werden. Andere Bezeichnungen für Universalkabel sind **Außen-/Innenkabel** oder **Innen-/Außenkabel**.

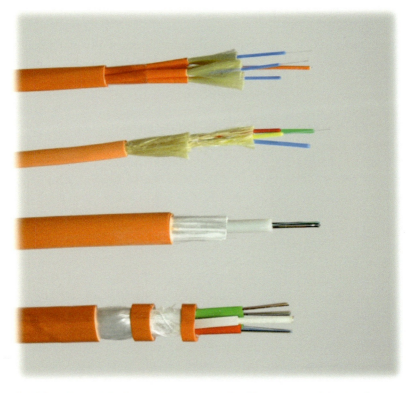

Bild 2.20: Beispiele für Breakout-, Mini-Breakout-, Zentralbündelader- und verseiltes Bündeladerkabel (von oben nach unten).

Glasfaserkabel werden durch so genannte Kurzzeichen beschrieben. Eine kurze Abfolge von Buchstaben und Zahlen gibt den Kabelaufbau, den Glasfasertyp und die Anzahl der Fasern im Kabel an. Ausführliche Informationen zu Kurzzeichen von Glasfaserkabeln siehe Kapitel 7.2.2 im technischen Anhang.

Ein beliebtes Innenkabel ist das I-K(ZN)H (Breakout-/Mini-Breakoutkabel mit nichtmetallischen Zugentlastungselementen und halogenfreiem Außenmantel).
Ein beliebtes Universalkabel ist das U-DQ(ZN)BH (Bündelader mit Quellvlies als Wasserschutz, nichtmetallischem Nagetierschutz und halogenfreiem Außenmantel).
Ein klassisches Außenkabel ist das A-DQ(ZN)B2Y (Bündelader mit Quellvlies als Wasserschutz, nichtmetallischem Nagetierschutz und Außenmantel aus Polyethylen). Da es innerhalb von Gebäuden nur sehr eingeschränkt verlegt werden darf, ist es in typischen IT-Netzen eher selten anzutreffen.

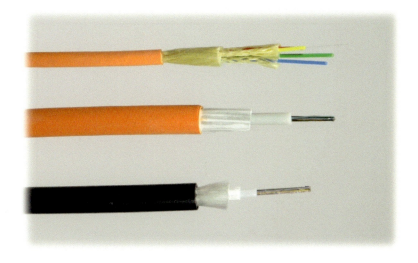

Bild 2.21: Beispiele für beliebte Glasfaserkabeltypen:
Innenkabel I-K(ZN)H (oben),
Universalkabel U-DQ(ZN)BH (Mitte),
Außenkabel A-DQ(ZN)B2Y (unten).

35

Stecker

Als dominierender Glasfaserstecker hat sich der **LC-Stecker** durchgesetzt. Es gibt ihn als Einzelstecker (Simplex) für eine Faser und als Kombination von zwei Einzelsteckern (Duplex), was recht praktisch ist, da für die meisten Anwendungen zwei Fasern benötigt werden – eine für das Senden von Daten, eine fürs Empfangen. Die Verkabelungsnorm DIN EN 50173-2:2018-10 schreibt den LC Duplex für Anschlussdosen vor. In älteren Datennetzen sind in Dosen und Verteilfeldern oftmals der **SC Duplex** und der **ST-Stecker** anzutreffen.

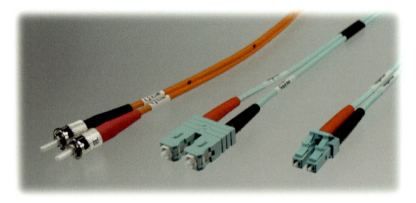

Bild 2.22: Beispiele für die gebräuchlichsten Stecker für Einzelfasern: ST (links), SC Duplex (Mitte) und LC Duplex (rechts).

Verteilfelder

Verteilfelder für Glasfaserkabel gibt es in noch größerer Vielfalt als für Kupferdatenleitungen. DIN EN 50173-1:2018-10 und -2:2018-10 schreiben für die Verkabelung im Steigebereich keinen speziellen Steckertyp vor. Aufgrund seiner kompakten Abmessungen und seiner problemlosen Handhabung hat der LC-Duplex-Stecker seine Vorgänger SC Duplex und ST in neuen Installationen weitgehend abgelöst.

Die erste Frage, die sich bei der Auswahl eines Glasfaser-Verteilfelds stellt, ist, ob gespleißt werden muss oder nicht. Im einfachsten Fall werden bei Breakout- oder Mini-Breakoutkabeln Stecker direkt auf die Fasern montiert. Es werden meist sehr einfache Verteilfelder verwendet, mit Kupplungen für die Stecker und einer Möglichkeit, die Glasfaserkabel abzufangen. Je nach Kabel kann dies beispielsweise mit Kabelbindern oder Kabelverschraubungen erfolgen. Im Prinzip ist solch ein Verteilfelder nicht viel mehr als ein gebogenes, lackiertes Blech, in dessen Aussparungen die Kupplungen eingerastet oder festgeschraubt werden. Gleiches gilt auch für Verteilfelder für vorkonfektionierte Glasfaserstrecken. Sie besitzen eine oder mehrere Aussparungen, in denen die Strecken festgeschraubt werden können.

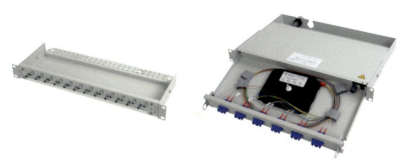

Bild 2.23: Beispiele für ein fest eingebautes Verteilfeld für Breakout-/Mini-Breakoutkabel (links) und ein ausziehbares Verteilfeld mit Spleißkassette und Pigtails für Bündeladern (rechts). (Produktfotos: Telegärtner).

Bei Bündeladerkabeln werden Stecker meist nicht direkt auf die Fasern montiert, denn bei der dünnen Isolierung, welche die Fasern in Bündeladerkabeln besitzen, ist das recht schwierig. Stattdessen werden **Pigtails** – herstellerseitig geschliffene und polierte Stecker mit einem Stück Glasfaser – an die Fasern des Kabels gespleißt. Passende Verteilfelder enthalten Spleißkassetten, in denen Spleiße und Fasern geschützt verwahrt werden. In der Praxis haben sich ausziehbare Verteilfelder bewährt, bei denen der Teil mit den Kupplungen und der

Spleißkassette wie eine Schublade ausgezogen werden kann. Für die schnellere Installation vor Ort können Verteilfelder auch mit bereits eingelegten, spleißfertig abgesetzten Pigtails bestellt werden.

Patchkabel

Einige Hersteller unterscheiden bei Patchkabeln zwischen Rangierkabeln und Adapterkabeln. Bei einem **Rangierkabel** sind an beiden Enden Stecker desselben Typs angebracht, bei einem **Adapterkabel** sind die Stecker unterschiedlich. Kabel mit unterschiedlichen Steckern sind recht praktisch, wenn man Komponenten mit verschiedenen Anschlüssen miteinander verbinden möchte, beispielsweise neue Geräte mit LC-Duplex-Anschluss und ältere Verteilfelder mit SC Duplex.

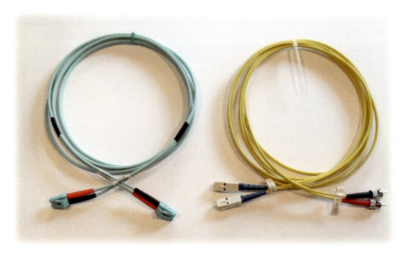

Bild 2.24:　Beispiele für ein Patchkabel (Multimode OM3 LC Duplex, links) und für ein Adapterkabel (Singlemode SC – ST, rechts).

2.3.2 Aktive Komponenten

Zum dreistufigen Netzkonzept der klassischen strukturierten Verkabelung gibt es ein passendes dreistufiges Konzept der aktiven Netzwerkkomponenten – der Switches. Typische Beispiele hierfür sind:

Verteiler	Switch	Typische Datenraten
Etagenverteiler	Edge-Switch	10/100/1000 Mbit/s zu den Endgeräten 1 Gbit/s oder 10 Gbit/s Uplink zum Aggregation-Switch
Gebäudeverteiler	Aggregation-Switch	1 Gbit/s oder 10 Gbit/s Downlink zum Edge-Switch 10 Gbit/s oder mehr Uplink zum Core-Switch
Standortverteiler	Core-Switch	10 Gbit/s oder mehr Downlink zum Aggregation-Switch

Tabelle 2.1: Beispiele verschiedene Switchtypen in strukturierten
Verkabelungen.

Die Bezeichnungen der Switches sind keine Gerätebezeichnungen im
strengen Sinn, sie stehen nur für deren Funktion. Die dreistufige Aufteilung trifft man meist nur in großen Netzen oder bei Standorten mit
mehreren Gebäuden. Oftmals verzichtet man auf die Aggregation-
Switches und verbindet die Edge-Switches der Etagenverteiler direkt
mit dem zentralen Core-Switch, an den auch meist die Server sowie
der Router für den Internet-Zugang angeschlossen sind.

Mit **Uplink** bezeichnet man die Verbindung zur höheren Netzebene,
mit **Downlink** zur niedrigeren. Ein bekanntes Beispiel dafür ist der Internetzugang: Im Downlink lädt man Daten aus dem Internet auf den
eigenen Rechner herunter, im Uplink lädt man Daten ins Internet hoch.

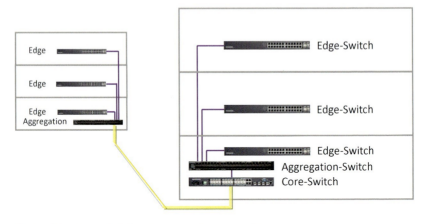

Bild 2.25: Beispiel für ein dreistufiges Switchkonzept.
(Produktfotos: MICROSENS).

Bild 2.26: Beispiele für verschiedene Switchtypen.
Von oben nach unten: Edge-, Aggregation- und Core-Switch.
(Produktfotos: MICROSENS).

2.4 Redundanzkonzepte

Um Netzausfällen vorzubeugen, werden Datennetze oft mit zusätzlichen („redundanten") Komponenten ausgestattet. Sie übernehmen die Datenübertragung, falls die Hauptkomponenten ausfallen. Und das kann schneller passieren, als man denkt: Bei Bauarbeiten werden Kabel zerrissen, Wasser dringt in Verteiler ein, Frost beschädigt Kabel, die nicht tief genug vergraben sind, ein Kurzschluss oder Blitzeinwirkungen legen aktive Komponenten lahm, Personen machen sich am Netz zu schaffen, Softwareprobleme sorgen für Ärger ... Gründe für einen Netzausfall gibt es genug. Da ist es gut, wenn man die ausgefallenen Verbindungen möglichst schnell durch Alternativen ersetzen kann, bis alles wieder hergestellt ist. Im Idealfall erfolgt die Umschaltung automatisch, doch selbst, wenn man von Hand umstecken („umpatchen") muss, ist das besser als nichts.

Besonders zwischen den Gebäuden (Primärbereich), wo ein Ausfall große Bereiche des Datennetzes lahmlegen würde, wird oft ein zusätzliches Kabel auf einem anderen Weg verlegt und an einer anderen Stelle in die Gebäude geführt, was gerne als **Zweiwegeführung** bezeichnet wird. Wird die Hauptverbindung getrennt, kann das zweite Kabel die Aufgaben des ersten übernehmen.

Zwischen den Stockwerken eines Gebäudes (Sekundärbereich, Steigebereich) werden die Etagenverteiler ebenfalls oft mit einem zweiten Kabel über einen zweiten Kabelweg mit dem Gebäudeverteiler verbunden und zusätzlich auch mit anderen Etagenverteilern. DIN EN 50173-2:2018-10 für Bürobereiche sieht die Möglichkeit, Verteiler derselben Hierarchieebene miteinander zu verbinden (also Etagenverteiler desselben Stockwerks untereinander, Gebäudeverteiler untereinander) beispielhaft vor, ebenso Teil 3:2018-10 für industriell genutzte Bereiche, Teil 5:2018-10 für Rechenzentren und Teil 6:2018-10 für verteilte Gebäudedienste. Etagenverteiler auch stockwerkübergreifend untereinander zu verbinden, kann bei erhöhten Anforderungen an die Ausfallsicherheit sinnvoll sein.

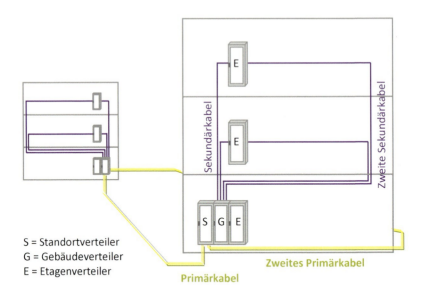

S = Standortverteiler
G = Gebäudeverteiler
E = Etagenverteiler

Primärkabel

Zweites Primärkabel

Bild 2.27: Beispiel für erhöhte Ausfallsicherheit durch redundante
Verbindungen im Primär- und Sekundärbereich.

In Netzen, die mit einer klassischen strukturierten Verkabelung aufgebaut sind, werden die Anschlüsse zum Anwender nur selten redundant ausgestattet. Die Möglichkeit ist DIN EN 50173-2:2018-10 für Bürobereiche zwar ausdrücklich vorgesehen, man benötigt aber mehr Etagenverteiler, wenn man alles doppelt installieren möchte. Da die Leitungen sinnvollerweise dann auch auf verschiedenen Wegen zu den Anschlussdosen geführt werden sollten, wird die Verkabelung schnell unübersichtlich. Eine gute, aktuelle Dokumentation ist in diesem Fall unerlässlich. Hier kann ein automatisches Infrastruktur-Management-System, bei dem die Verkabelung in einer Datenbank dokumentiert ist und das Änderungen bei den Patchungen automatisch speichert, gute Dienste leisten. Aufgrund des größeren Aufwands wird man redundante Verkabelungen hauptsächlich dort finden, wo ein Verbindungsausfall mit großen Beeinträchtigungen oder Kosten verbunden wäre, beispielsweise in Datennetzen der Industrie und in Rechenzentren.

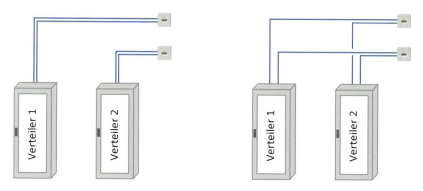

Bild 2.28: Beispiele für die redundante Anbindung der Anschlussdosen mit
zwei Verteilern.
(Produktfotos: Telegärtner).

Um den Aufwand klein zu halten, entscheiden sich manche Anwender
dafür, die verschiedenen Anschlüsse einer Doppeldose von verschiedenen Switches im selben Verteiler zu versorgen. Fällt eine Verbindung aus, kann das Endgerät schnell und einfach auf den freien Anschluss umgesteckt werden.

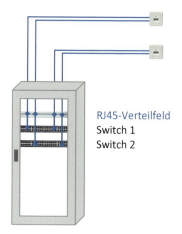

Bild 2.29: Beispiel für die redundante Anbindung der Anschlussdosen an
zwei Switches im selben Verteiler.
(Produktfotos: Telegärtner, MICROSENS).

Wer auf „Nummer sicher" gehen will, kann eine Kombination der oben geschilderten Ausführungen wählen und vieles oder alles doppelt auslegen. In solchen Fällen ist es sinnvoll, Wahrscheinlichkeit und Kosten für mögliche Ausfälle den Kosten für eine vollredundante Netzwerk-Installation in einer Risiko-Analyse gegenüberzustellen.

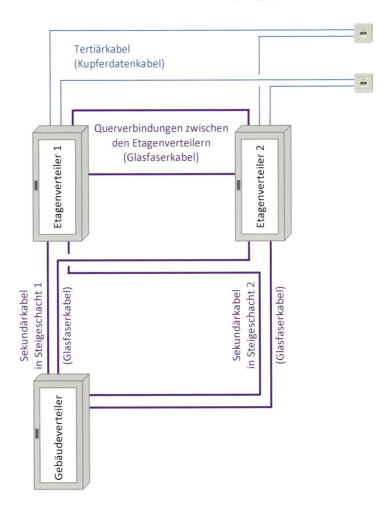

Bild 2.30: Beispiel für ein Netzwerk der strukturieren Verkabelung mit hoher Redundanz für erhöhte Ausfallsicherheit. (Produktfotos: Telegärtner).

2.5 Wichtige Normen

WICHTIG: Normen werden laufend aktualisiert. Auf das Erscheinungsdatum wurde in dieser Liste daher bewusst verzichtet. Bitte immer die aktuell gültige Fassung verwenden.

Zu den wichtigsten Normen für die strukturierte Verkabelung zählen:

DIN EN 50173 Informationstechnik – Anwendungsneutrale Kommunikationskabelanlagen
Teil 1: Allgemeine Anforderungen
Teil 2: Bürobereiche
Teil 3: Industriell genutzte Bereiche
Teil 4: Wohnungen
Teil 5: Rechenzentrumsbereiche
Teil 6: Verteilte Gebäudedienste

DIN EN 50174 Informationstechnik – Installation von Kommunikationsverkabelung
Teil 1: Installationsspezifikation und Qualitätssicherung
Teil 2: Installationsplanung und Installationspraktiken in Gebäuden
Teil 3: Installationsplanung und Installationspraktiken im Freien

DIN EN 50310 Telekommunikationstechnische Potentialausgleichsanlagen für Gebäude und andere Strukturen

DIN EN 50346 Informationstechnik – Installation von Kommunikationsverkabelung – Prüfen installierter Verkabelung

ISO/IEC 11801 Information technology – Generic cabling for customer premises

Internationale Norm; die Festlegungen der ISO/IEC 11801 und der DIN EN 50173 entsprechen sich weitestgehend.

ANSI/TIA-568

US-amerikanische Normenreihe zur Verkabelung und Komponenten; enthält teilweise andere Vorgaben als ISO/IEC 11801 und DIN EN 50173.

IEEE Standard for Ethernet 802.3

Norm für Ethernet inklusive Power over Ethernet.

2.6 Besonderheiten/Beachten

Der sechspolige Stecker, die bei Telefon- und Faxgeräten gerne verwendet wird, ähnelt dem RJ45-Stecker. Sind nur zwei Kontakte beschaltet, wird er in der Praxis oft als **RJ11** bezeichnet, sind alle sechs beschaltet, als **RJ12**. Die Bezeichnungen werden jedoch nicht einheitlich gebraucht. Der RJ11/RJ12 ist schmaler als der RJ45, und da die Seitenwände höher sind als die Kontakte, können sie die äußeren Kontakte einer RJ45-Buchse verbiegen. Um dies zu vermeiden, bieten manche Hersteller Buchsen mit integriertem **Kontaktüberbiegeschutz** an, die laut Herstellerangaben auch nach wiederholten Fehlsteckungen die volle Leistung bieten.

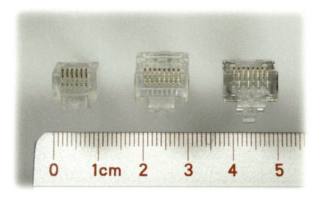

Bild 2.31: Beispiele für Steckergehäuse:
RJ11/RJ12 ungeschirmt (links), RJ45 ungeschirmt (Mitte) und RJ45 geschirmt (rechts).

Remote Powering, die Energieversorgung von Endgeräten über die Datenleitung, ist recht praktisch und wird immer beliebter, da kein eigener Stromanschluss für das Endgerät mehr benötigt wird. Dabei können dabei Ströme von bis zu 960 mA pro Adernpaar (480 mA pro Ader) fließen. Wird dabei der RJ45-Stecker im laufenden Betrieb gezogen, entstehen **Abreißfunken**, die die feinen Kontakte von Stecker und Buchse beschädigen können. Bei RJ45-Steckverbindungen, die für Remote Powering optimiert sind, liegt der Bereich, der für die Datenübertragung genutzt wird, weit von dem Bereich entfernt, in welchem Beschädigungen durch Funken auftreten. Dies soll sicherstellen, dass die RJ45-Steckverbindung selbst nach wiederholtem Ausstecken weiterhin zuverlässig Daten überträgt. Auch bei solch konstruktiv optimierten Steckern und Buchsen ist ein Ziehen unter Last jedoch nicht als Regelbetrieb vorgesehen.

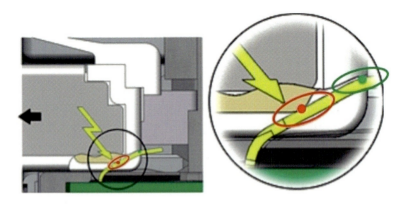

Bild 2.32: Beispiel für eine RJ45-Steckverbindung, die für Remote Powering optimiert ist (Seitenansicht). Die unvermeidbaren Beschädigungen der Kontakte durch Abreißfunken treten in einem Bereich (rot) auf, der weit von dem Kontaktbereich entfernt ist, der für die Datenübertragung verwendet wird (grün). (Zeichnung: Telegärtner).

Neben den Abreißfunken gibt es noch einen zweiten Effekt, der bei der Fernspeisung von Endgeräten berücksichtigt werden muss: Die übertragene Leistung und die damit verbundene Stromstärke führt zu einer deutlichen **Erwärmung der Datenleitungen**, besonders, wenn Leitungsbündel in unbelüfteten Kabelwegen (was recht oft der Fall ist) oder in Dämmstoff verlegt werden. DIN EN 50174-2:2018-10 enthält umfangreiche Empfehlungen für die Ausführung der Verkabelung wie beispielsweise kurze Streckenlängen, große Leiterquerschnitte oder dünne Leitungsbündel. In zahlreichen Versuchen wiesen Bündel aus geschirmten Leitungen eine geringere Erwärmung als Bündel aus ungeschirmten, besonders, wenn die Leitungen in Dämmstoff verlegt wurden. Ausführlichere Informationen zur Fernspeisung von Endgeräten über die Datenleitung finden sich in Kapitel 6.4.

Bei geschirmten Verkabelungen sind **Erdung und Potenzialausgleich** besonders wichtig, um Störungen und Schäden durch Potenzialunterschiede und Ausgleichsströme zu vermeiden. Detaillierte Informationen und Maßnahmen finden sich in DIN EN 50310 „Telekommunikationstechnische Potentialausgleichsanlagen für Gebäude und andere Strukturen" und in DIN EN 50174-2 „Informationstechnik – Installation von Kommunikationsverkabelung – Teil 2: Installationsplanung und Installationspraktiken in Gebäuden". Grundsätzlich muss ein Elektronetz den Vorschriften der aktuellen VDE-Richtlinien entsprechen. Viele Experten raten zu einem TN-S-System, bei dem Neutralleiter (N) und Schutzleiter (PE) getrennt sind. Dieser Empfehlung schließt sich auch DIN EN 50174-2:2018-10 an, die konkrete Maßnahmen und Ausnahmen definiert. Generell gilt: Sind N und PE zu einem Leiter (PEN) zusammengefasst, was besonders bei älteren Installationen der Fall sein kann, besteht die Gefahr, dass teilweise hohe Ströme über den Schirm der Datenverkabelung fließen, was zu Störungen oder gar Schäden führen kann.

3 Das Innovative:
   Fiber To The Office (FTTO)

3.1 Kurz das Wichtigste

FTTO steht für **Fiber To The Office**, auf Deutsch „Glasfaser bis zum Büro". Bei diesem Verkabelungskonzept laufen Glasfaserkabel sternförmig von einem zentralen Verteiler zu den Arbeitsplätzen. Der Verteiler muss nicht unbedingt im selben Gebäude stehen. Die maximale Leitungslänge beträgt typischerweise 400 bis 550 m bei Multimodefasern und 10 km bei Singlemodefasern, was beide Male allerdings von der Datenrate, dem Fasertyp und den aktiven Netzwerkkomponenten abhängt. Auch längere Singlemode-Strecken sind möglich. Als Glasfaserstecker werden hauptsächlich SC Duplex, ST und LC Duplex verwendet.

FTTO-Netze benötigen keine Etagenverteiler wie die klassische strukturierte Verkabelung, allenfalls kleine Spleißverteiler, um Glasfaserkabel miteinander zu verbinden.

Am Arbeitsplatz werden so genannte Micro-Switches installiert. Diese kleinen Switches besitzen meist einen oder zwei Glasfaseranschlüsse auf der Netzwerkseite und üblicherweise vier RJ45-Anschlüsse für Endgeräte wie PCs, Drucker und was es sonst so gibt. Kupferleitungen werden fast nur als Geräteanschlusskabel oder für eine redundante Verbindung zweier Micro-Switches untereinander verwendet.

Die Struktur mit durchgehenden Glasfasern bis zum Anwender ist in DIN EN 50173-2:2018-10 „Informationstechnik – Anwendungsneutrale Kommunikationskabelanlagen – Teil 2: Bürobereiche" als „**zusammengefasste Lichtwellenleiter-Übertragungsstrecke**" enthalten.

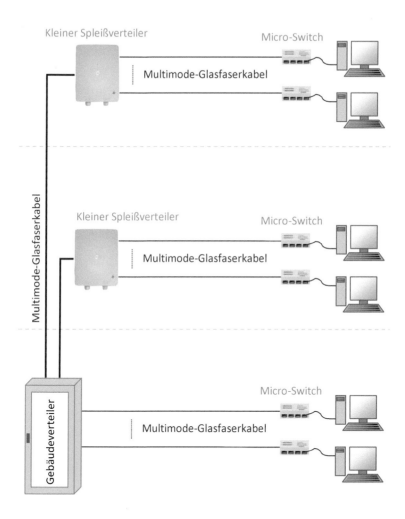

Bild 3.1: Beispiel für eine typische Struktur von FTTO-Netzen.
(Produktfotos: Telegärtner, MICROSENS).

51

3.2 Der Aufbau: Verkabelungsstruktur

Bei Fiber To The Office werden keine Kupferdatenleitungen, sondern Glasfasern bis zum Anwender verlegt. An den Arbeitsplätzen werden Micro-Switches installiert – im Kabelkanal, im Tisch, im Bodentank, oder wo immer man einen Netzwerkanschluss benötigt. Micro-Switches sind über Glasfasern mit dem zentralen Switch verbunden, besitzen meist vier RJ45-Anschlüsse für Endgeräte und sind kaum größer als zwei herkömmliche Doppeldosen. Dennoch sind sie vollwertige Switches, die je nach Ausführung managebar sind und die Endgeräte über Power over Ethernet Plus (PoE+) mit Strom versorgen können. Da die Micro-Switches RJ45-Anschlüsse besitzen, benötigen Endgeräte keinen Glasfaseranschluss, sondern können wie gewohnt mit Kupfer-Patchkabeln angeschlossen werden.

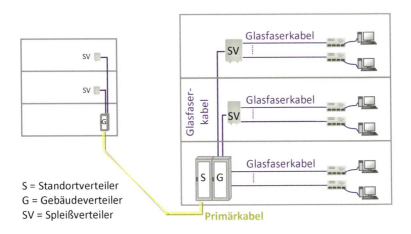

Bild 3.2:   Beispiel für ein typisches FTTO-Netz.
(Produktfotos: MICROSENS, Telegärtner).

Mit Glasfasern sind wesentlich größere Leitungslängen möglich als die 100 m, welche die DIN EN 50173-2:2018-10 für Kupferkabel empfiehlt – mit Multimode-Glasfasern der Kategorien OM2 bis OM5 je nach Datenrate 400 bis 550 m, mit Singlemodefasern 10 km und mehr. Dadurch kann in den meisten Projekten vollständig auf die Etagenverteiler verzichtet werden. Gepatcht wird im zentralen Gebäudeverteiler, der neben den Glasfaser-Verteilfeldern auch die zentralen Switches und oft noch die Server enthält. DIN EN 50173-2:2018-10 sieht eine durchgehende Verkabelung mit Glasfasern bis zum Arbeitsplatz als „zusammengefasste Lichtwellenleiter-Übertragungsstrecke" vor. In den neunziger Jahren des vorigen Jahrtausends (FTTO ist ein altbewährtes Konzept) bezeichnete man diese Struktur auch als **Single Point of Adminstration** (**SPA**), auf Deutsch etwa „Netzstruktur mit nur einem Verwaltungspunkt". Als Steckverbinder kommen hauptsächlich der LC Duplex, der SC Duplex oder der ST an den Micro-Switches zum Einsatz, am Verteilfeld wird meist der LC Duplex verwendet.

Auch bei FTTO erfolgt die Verkabelung sternförmig vom Verteiler zu den Anschlusskomponenten (in diesem Fall den Micro-Switches). Glasfasern können vom Gebäudeverteiler auf verschiedene Arten zum Anwender verlegt werden:

- Bündeladerkabel vom zentralen Verteiler zu kleinen Wand- oder Deckenverteilern auf den Etagen, von dort weiter mit Breakout- oder Mini-Breakoutkabeln zu den Micro-Switches. Die Fasern der Bündelader- und der Breakout-/Mini-Breakoutkabel werden meist aneinander gespleißt. Die Fasen können aber auch mit Steckern versehen und in einem Mini-Verteilfeld im Verteiler zusammengesteckt werden.
- Zweifaserige Breakout- oder Mini-Breakoutkabel durchgehend vom zentralen Verteiler zu den Micro-Switches; je nach Größe des Netzes und Anzahl der Anschlüsse ergeben sich dabei jedoch beachtliche Kabelbündel.
- Breakout-/Mini-Breakoutkabel mit mehreren Fasern, die mehrere Micro-Switches versorgen; wenn der Außenmantel des Kabels entfernt wird, um die ersten beiden Adern zum ersten Micro-Switch zu führen, müssen die anderen Adern gut ver-

wahrt im Kabelweg geführt werden. Dieses Ausfädeln von Fasern kann man grundsätzlich auch mit Bündeladerkabeln machen. Diese **Anschneidetechnik** wird in Überland- und in Stadtnetzen angewandt, wo Kabelmantel und Bündeladerröhrchen nur seitlich angeschnitten werden, um einzelne Fasern auszufädeln. Bei FTTO wird man dabei das hochfaserige Bündeladerkabel meist als Ring verlegen; Start und Ziel ist der Gebäudeverteiler, wo beide Enden des Kabels in Verteilfeldern enden. Dort sieht es dann so aus, als ob zwei Kabel auf verschiedenen Wegen verlegt worden wären. Damit kann man die Ausfallsicherheit des Netzes erhöhen: Wenn eine Faser ausgefädelt wird, kann sie von beiden Richtungen verwendet werden, denn beide Faserteile führen durch die Ringstruktur zum Verteiler. Bündeladerkabel mit vielen Fasern sind jedoch vergleichsweise starr und damit schlecht innerhalb von Gebäuden zu verlegen. Und beim Anschneiden einer Bündelader kann es leicht passieren, dass man versehentlich mehrere Fasern durchtrennt. Die Anschneidetechnik ist bei der Gebäudeverkabelung daher äußerst selten.

- Vorkonfektionierte Glasfaserkabel mit MPO-Steckern vom zentralen Verteiler zu kleinen Wand- oder Deckenverteilern auf den Etagen, in denen Verteilfelder mit Fanout-Modulen installiert werden. Die Module besitzen hinten einen oder zwei MPO-Anschlüsse und vorn Kupplungen für SC- oder LC-Stecker. Vom Kleinverteiler geht es dann mit zwei- oder vierfaserigen Kabeln zu den Micro-Switches. Diese Kabel können ebenfalls vorkonfektioniert sein.

Für welche Verkabelungsvariante man sich entscheidet, ist schlussendlich Geschmacksache. Lösungen mit Bündeladerkabeln und kleinen Spleißverteilern beanspruchen am wenigsten Platz (das kleine Kästchen mit den Spleißkassetten findet fast immer ein Fleckchen an der Wand des Putz-/Technikraums oder in der abgehängten Decke) und sind deshalb in der Praxis recht beliebt. Vorkonfektionierte Lösungen haben den Vorteil, dass man die Kabel nur noch auspacken und falls nötig kurz reinigen und einstecken kann, ohne auf der Baustelle Glasfaserstecker montieren oder spleißen zu müssen.

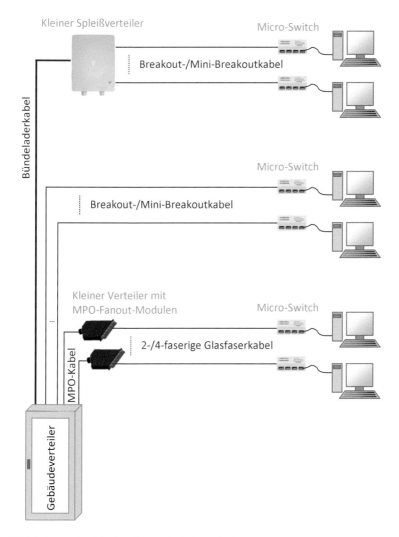

Bild 3.3: Beispiele für die Verkabelung bei FTTO:
mit Bündeladerkabeln im Steigebereich und Breakoutkabeln
auf der Etage (oben),
durchgehend mit Breakout-/Mini-Breakoutkabeln (Mitte)
und mit vorkonfektionierten MPO-Kabeln (unten).
(Produktfotos: Telegärtner, MICROSENS).

Bei Standorten mit mehreren Gebäuden sind in der Praxis zwei Konzepte anzutreffen: Die Gebäude besitzen eigene Gebäudeverteiler, die ebenfalls über Glasfasern miteinander verbunden sind (Bild 3.2), oder die Glasfasern laufen vom zentralen Standortverteiler zu den Arbeitsplätzen in den verschiedenen Gebäuden, so dass keine Gebäudeverteiler benötigt werden (Bild 3.4). Dies ist neben der Übersichtlichkeit des Netzes letzten Endes auch eine Kostenfrage. Mit Singlemodefasern sind zwar Leitungslängen von 10 km und mehr möglich, Stecker und Elektronik für Singlemodestrecken sind jedoch meist deutlich teurer als die für Multimode. In vielen Projekten werden daher in den Gebäuden, wo viele Anschlüsse installiert werden und die Leitungslänge 400 m nicht übersteigt, Multimodefasern verlegt. Zwischen den Gebäuden, wo wenige Verbindungen mit sehr hohen Datenraten über große Entfernungen benötigt werden, kommen dann Singlemodefasern zum Einsatz.

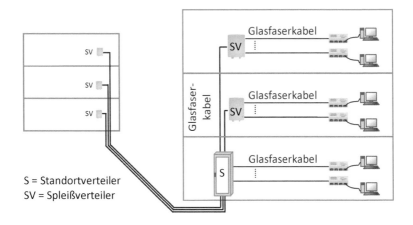

Bild 3.4: Beispiel für ein FTTO-Netz bei Standorten mit mehreren Gebäuden, durchgehend vom Standortverteiler bis zum Arbeitsplatz verkabelt.
(Produktfotos: MICROSENS, Telegärtner).

Auch bei FTTO gibt es die Möglichkeit, im Verteiler eine **Rangierung** (**cross-connection**) aufzubauen, bei der die aktiven Netzwerkkomponenten ein eigenes Verteilfeld erhalten. Gepatcht wird zwischen diesem Verteilfeld und dem der Installationskabel. In Europa wird stattdessen meist eine **Durchverbindung** (engl. **interconnection**) bevorzugt, bei der die Komponenten über Patchkabel direkt mit dem Verteilfeld der Installationskabel verbunden werden.

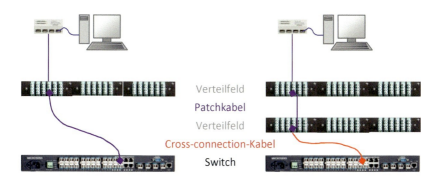

Bild 3.5: Beispiele für eine Durchverbindung (interconnection, links) und einen Rangierverteiler (cross-connection, rechts). (Produktfotos: MICROSENS, Telegärtner).

FTTO wurde früher auch als **Fiber To The Desktop** – „Glasfaser bis zur Schreibtischplatte" bezeichnet. Mittlerweile hat sich der Begriff FTTO durchgesetzt. Das lässt sich auch besser von **FTTD – Fiber To The Desk** („Glasfaser bis zum Arbeitsplatz/Glasfaser bis zum Schreibtisch") unterscheiden. FTTD verwendet die gleiche Verkabelungsstruktur wie FTTO, bei FTTD besitzen die Endgeräte jedoch einen Glasfaseranschluss; die Glasfaserkabel enden am Arbeitsplatz in Glasfaser-Anschlussdosen. DIN EN 50173-2:2018-10 schreibt hier den LC-Duplex-Stecker vor, in älteren Ausgaben war es der SC Duplex. In der Praxis werden sehr viel mehr FTTO- als FTTD-Glasfasernetze installiert. Als Gründe werden dafür oftmals angegeben:

- In FTTO-Netzen werden Endgeräte mit herkömmlichen RJ45-(Kupfer-)Netzwerkanschlüssen eingesetzt, die auch in Netzen

mit klassisch strukturierter Verkabelung mit Kupferdatenleitungen eingesetzt werden können. Bei FTTD besitzen die
Endgeräte einen Glasfaseranschluss; um sie an ein kupfer-
basiertes Netz anzuschließen, wird ein zusätzlicher Medien-
konverter mit einem Kupfer- und einem Glasfaseranschluss
benötigt.

▪ Netzwerkkarten mit Glasfaseranschluss für Endgeräte sind
meist deutlich teurer als herkömmliche Karten mit RJ45-An-
schluss.

▪ FTTD bietet keine Möglichkeit, Endgeräte mit Power over
Ethernet (PoE) über die Datenleitung mit Strom zu versorgen;
FTTO-Micro-Switches sind mit PoE und dessen leistungsstär-
kerem Nachfolger PoE+ erhältlich.

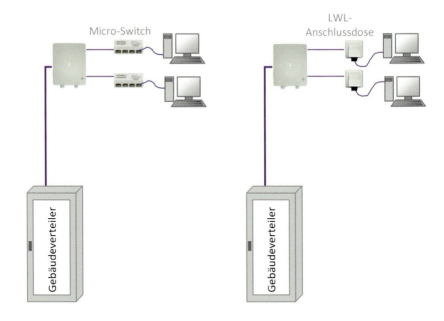

Bild 3.6: Beispiel für Fiber To The Office (FTTO, links)
und für Fiber To The Desk (FTTD, rechts).
(Produktfotos MICROSENS, Telegärtner).

3.3 Die Einzelteile

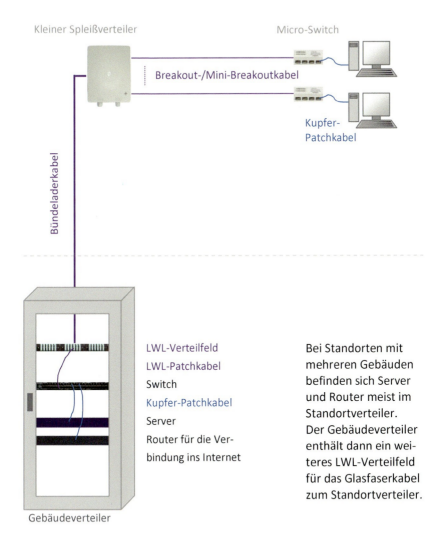

Bild 3.7: Beispiel für Komponenten in einem FTTO-Netz.
(Produktfotos: Telegärtner, MICROSENS).

3.3.1 Passive Komponenten

Kupferkomponenten beschränken sich bei FTTO auf die Patchkabel, mit denen Endgeräte an die Micro-Switches oder an die Switches im Gebäudeverteiler angeschlossen werden. Ausführliche Informationen zu Kupferpatchkabeln finden sich im Kapitel 2.3.1.1.

Glasfaser-Installationskabel

Innerhalb eines Gebäudes werden meist Kabel mit Multimodefasern der Kategorien OM3 bis OM5 verlegt. Fasern der Kategorie OM2 werden heutzutage fast nur für Erweiterungen vorhandener OM2-Verkabelungen verwendet. Die Elektronik für Multimodefasern ist fast immer deutlich kostengünstiger als die für Singlemode, und so greifen die Anwender oft erst bei Leitungslängen über 400 m zu Singlemode-Komponenten.

In vielen FTTO-Installationen verlaufen **Bündeladerkabel** vom zentralen Verteiler zu kleinen Spleißverteilern, die im Gebäude verteilt sind. Bündeladerkabel benötigen trotz der vielen Glasfasern, die sie enthalten, nur wenig Platz, da die Fasern in ihnen in dünnen Schutzröhrchen liegen, pro Röhrchen meist bis zu 12 Stück. Vom Spleißverteiler laufen meist **Breakout-** oder die dünneren **Mini-Breakoutkabel** mit 2 oder 4 Fasern zu den Micro-Switches den Arbeitsplätzen.

Bei Bündeladerkabeln werden auch in der Gebäudeverkabelung statt Innenkabel gerne **Universalkabel** eingesetzt, die für die Verlegung im Innen- und Außenbereich zugelassen sind. Sie sind robuster als reine Innenkabel und bieten meist einen besseren Schutz der Glasfasern, besonders, wenn Kabel mit Nagetierschutz verwendet werden (man kann ja nie wissen). Andere Bezeichnungen für Universalkabel sind **Außen-/Innenkabel** oder **Innen-/Außenkabel**.

Glasfaserkabel werden durch so genannte Kurzzeichen wie beispielsweise I-K(ZN)H oder U-DQ(ZN)BH beschrieben. Eine kurze Abfolge von Buchstaben und Zahlen gibt neben dem Kabelaufbau auch den Glasfasertyp und die Anzahl der Fasern im Kabel an. Ausführliche Informationen zu Kurzzeichen von Glasfaserkabeln siehe Kapitel 7.2.2 im technischen Anhang.

Ein beliebtes Breakout-/Mini-Breakoutkabel ist das I-K(ZN)H mit nichtmetallischen Zugentlastungselementen und halogenfreiem Außenmantel.
Ein beliebtes Bündelader-Universalkabel ist das U-DQ(ZN)BH mit Quellvlies als Wasserschutz, nichtmetallischem Nagetierschutz und halogenfreiem Außenmantel.

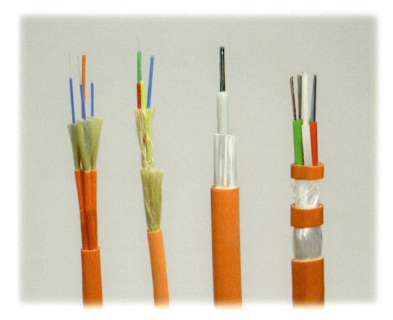

Bild 3.8: Beispiele für beliebte Glasfaserkabeltypen. Von links nach rechts:
- I-K(ZN)H in der Ausführung als Breakoutkabel,
- I-K(ZN)H als Mini-Breakoutkabel,
- Bündelader-Universalkabel U-DQ(ZN)BH in der Ausführung als Zentralbündelader mit einem Röhrchen
- und als verseilte Bündelader mit mehreren.

Bei Kabeln mit bis zu 24 Fasern werden gerne **Zentralbündelader-kabel** eingesetzt, bei denen die Fasern in einem zentralen Röhrchen liegen. Kabel mit **verseilten Bündeladern** enthalten mehrere Röhr-chen, die um ein zentrales Stützelement gewickelt („verseilt") sind.

An die Fasern von Breakout- und Mini-Breakoutkabeln können Glas-faserstecker gut direkt montiert werden. Das geht bei den sehr dünnen Aderisolierungen der Fasern von Bündeladerkabeln grundsätzlich auch, ist aber deutlich aufwendiger und schwieriger, weshalb man hier meist **Pigtails** – werksseitig konfektionierte Stecker mit einem kurzen Faserstück – an die Fasern spleißt.

Sollen im Gebäude Bündelader- und Breakoutkabel miteinander ver-bunden werden, werden ihre Fasern meist aneinander gespleißt, also dauerhaft fest miteinander verbunden, was in vielen Fällen kostengün-stiger ist, als an allen Faserenden Steckverbinder anzubringen. Break-out- und Mini-Breakoutkabel gibt es mit fest angebrachter Isolierung (sog. **Vollader**, engl. **tight buffer**), die sich nur auf sehr kurzen Län-gen abisolieren lassen, und als leicht abisolierbare **Kompaktader** (engl. **semi-tight buffer**). Zum Spleißen hat sich die Kompaktader in der Praxis bewährt.

Um Spleißen und Steckermontage vor Ort gänzlich zu vermeiden, greifen immer mehr Installateure und Anwender zu **vorkonfektionier-ten, anschlussfertigen Kabeln**. Diese können auch von Nichtfach-leuten nach kurzer Einweisung verlegt und angeschlossen werden. Die Installationsarbeit beschränkt sich meist auf auspacken, kontrollieren, falls nötig reinigen und zusammenstecken. Wichtig ist bei vorkonfek-tionierten Kabeln, die richtige Länge zu ermitteln. Sind die Kabel zu lang, müssen die Überlängen irgendwo sicher und ordentlich unterge-bracht werden. Sind sie zu kurz, dann sind sie meist nutzlos.

Vorkonfektionierte Lösungen können durchgängig mit Einzelfaser-steckern (LC, SC, ST) versehen werden; um noch mehr Zeit bei der Installation zu sparen, werden auch MPO-Stecker mit typischerweise 12 Fasern verwendet. Umsetzen von MPO auf LC Duplex, SC Duplex oder ST erfolgt meist mit **Fanout-Modulen** im DV-Schrank und in kleinen Wandverteilern. Die Module besitzen einen oder zwei MPO-

Anschlüsse sowie LC-, SC- oder ST-Kupplungen. Pigtails im Inneren des Moduls verbinden die MPO- mit den Kupplungen für Einzelfaserstecker. Zu Einzelheiten siehe Abschnitt „Glasfaser-Verteilfelder und Spleißverteiler" weiter unten.

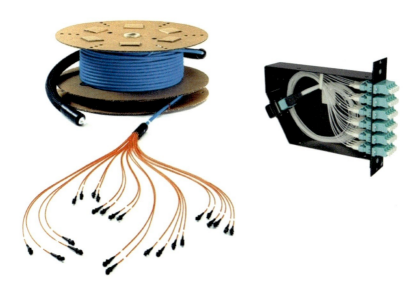

Bild 3.9: Beispiel für ein vorkonfektioniertes Kabel (links) und für ein Fan-Out-Modul (rechts; die Seitenwand des Moduls wurde zur Veranschaulichung entfernt).
(Produktfotos: Telegärtner).

Glasfaserstecker

An den Micro-Switches finden sich meist Anschlüsse des Typs **SC Duplex** oder **ST**. Werden SFPs verwendet, kommt je nach SFP-Typ der **LC** oder seine Duplex-Ausführung zum Einsatz. In eine LC-Duplex-Kupplung können fast immer auch zwei einzelne LC-Stecker eingesteckt werden.

In den Verteilfeldern hat sich der LC Duplex etabliert, der ähnlich wie der RJ45-Stecker der Kupfernetze zu handhaben ist und der auch in etwa so viel Platz beansprucht. In älteren Installationen sind der SC Duplex und der ST anzutreffen.

Bei vorkonfektionierten Glasfaserstrecken wird auch gerne der **MPO-Stecker** eingesetzt, meist in der Ausführung mit 12 Fasern. Wie der SC besitzt er eine Push-Pull-Verriegelung, wodurch er auch bei beengten Platzverhältnissen noch recht gut ein- und ausgesteckt werden kann. MPO-Kabel werden hauptsächlich in verschiedenen Typen (meist A oder B) eingesetzt. Die Stecker sind dabei gleich, die Kabel unterscheiden sich darin, welche Faser des Kabels in welcher Position in den Steckern zu liegen kommt. Daher ist darauf zu achten, innerhalb einer Installationsstrecke nur Komponenten desselben Typs (z.B. A oder B) zu verwenden. Einzelheiten hierzu siehe Anhang 7.2.

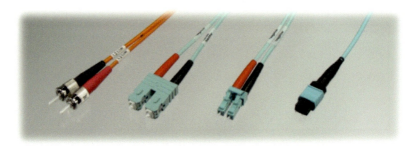

Bild 3.10:   Beispiele für die häufigsten Glasfaserstecker in FTTO-Netzen. Von links nach rechts: ST, SC Duplex, LC Duplex und MPO.

Glasfaser-Verteilfelder und Spleißverteiler

Bei der Auswahl des passenden Glasfaser-Verteilfeldes sind Faserzahl und Typ des Glasfaserkabels entscheidend. DIN EN 50173-1:2018-10 und -2:2018-10 schreiben keinen speziellen Steckertyp für Verteilfelder vor. In der Praxis trifft man meist den platzsparenden LC Duplex, in älteren Netzen auch den SC Duplex und den ST-Stecker.

Bei Breakout- oder Mini-Breakoutkabeln, bei denen die Stecker direkt auf die Fasern montiert werden, werden in der Praxis oft einfache, kostengünstige Verteilfelder verwendet, die nur Kupplungen und eine Zugentlastung für die Kabel bieten, was im einfachsten Fall mit Kabelbindern erfolgt. Verteilfelder für vorkonfektionierte Glasfaserstrecken besitzen meist Aussparungen oder Klammern, an denen die Strecken befestigt werden können.

Bild 3.11: Beispiele für Verteilfelder für Breakoutkabel.
In den Aussparungen des rechten Verteilfelds können vorkonfektionierte Glasfaserstrecken festgeschraubt werden.
(Produktfotos: Telegärtner).

Die Fasern von Bündeladern besitzen eine sehr dünne Isolierung. Der Außendurchmesser der mit dem so genannten Primärcoating beschichteten Faser liegt mit Fertigungstoleranzen bei circa 250 µm. Sie werden deshalb nur sehr selten direkt mit Steckern versehen, sondern an Pigtails – kurze Faserstücke mit werksseitig montierten Steckern – gespleißt. Verteilfelder für Bündeladern enthalten daher Spleißkassetten, in denen Spleiße und Faserreserven geschützt verwahrt werden. Solche Verteilfelder werden gerne in ausziehbarer Ausführung verwendet, bei denen das Unterteil mit Frontplatte, Kupplungen und Spleißkassetten wie eine Schublade herausgezogen werden kann, was die Spleißarbeiten erleichtert. Verteilfelder mit werksseitig eingelegten und bereits spleißfertig abgesetzten Pigtails sind recht beliebt, da sie eine Menge Zeit bei der Installation sparen. Bei Kabeln mit großer Faserzahl werden oft modulare Verteilfelder verwendet: Sie bestehen aus einem meist 3 Höheneinheiten (HE) hohen Baugruppenträger und Einschubmodulen mit Kupplungen, Pigtails und Spleißkassetten.

Bild 3.12: Beispiel für ein ausziehbares Verteilfeld mit Spleißkassette und Pigtails (links) sowie Baugruppenträger und passendes Einschubmodul mit Kupplungen und Spleißkassette (rechts). (Produktfotos: Telegärtner).

In vielen Projekten werden Bündeladerkabel im Steigebereich und Breakout- oder Mini-Breakoutkabel zu den Arbeitsplätzen verlegt. Die Fasern der beiden Kabeltypen werden in kleinen **Spleißverteilern** aneinander gespleißt. Nur sehr selten werden hier Steckverbinder eingesetzt – der Aufwand lohnt sich selten, da die Fasern meist 1:1 durchverbunden werden. Überzählige Fasern des Bündeladerkabels werden im Spleißverteiler sicher verwahrt. Die Spleißverteiler werden meist als kleines Kästchen irgendwo montiert, wo sie nicht stören, beispielsweise in einem Lagerraum oder in der abgehängten Decke.

Bild 3.13: Beispiele für kleine Spleißverteiler für die Montage auf Putz. (Produktfotos: Telegärtner).

Zunehmend werden auch **vorkonfektionierte, anschlussfertige Kabel** eingesetzt. Es gibt sie nicht nur mit den klassischen Einzelfasersteckern wie LC, SC und ST. Immer öfter werden Strecken mit 12-faserigen MPO-Steckern eingesetzt. Als Verteilfeld dient ein Halterahmen, der so genannte Modulträger, in den **Fanout-Module** eingeschoben werden. Die Module werden oft auch als **MPO-Kassetten** bezeichnet. Sie besitzen auf der Rückseite MPO-Kupplungen und vorne die entsprechende Anzahl LC-, SC- oder ST-Kupplungen. Da mit jedem MPO-Stecker gleich mehrere Fasern zusammengesteckt werden, spart diese Verkabelungsart sowohl Montagezeit, als auch Platz. Und da alles fertig konfektioniert ist, wird für die Installation weder Glasfaser-Sonderwerkzeug noch Spleiß- und Messgerät benötigt.

Bild 3.14: Beispiel für ein modulares Verteilfeld und ein Fanout-Modul. Die Seitenwand des Moduls wurde zur Veranschaulichung entfernt. Gut sichtbar sind die Fasern, welche die MPO- und die LC-Kupplungen miteinander verbinden. (Produktfotos: Telegärtner).

Patchkabel

Glasfaser-Patchkabel finden sich in FTTO-Netzen typischerweise nur im zentralen Verteiler. Die Micro-Switches werden direkt an das Glasfaserkabel und die Endgeräte mit Kupfer-Patchkabeln an die Micro-Switches angeschlossen.

Einige Hersteller unterscheiden bei Patchkabeln zwischen Rangierkabeln und Adapterkabeln. Bei einem **Rangierkabel** sind an beiden Enden Stecker desselben Typs angebracht, bei einem **Adapterkabel** sind die Stecker unterschiedlich. Kabel mit unterschiedlichen Steckern sind recht praktisch, wenn man alte und neue Komponenten miteinander verbinden möchte, beispielsweise neue Geräte mit LC-Duplex-Anschluss und ältere Verteilfelder mit SC Duplex.

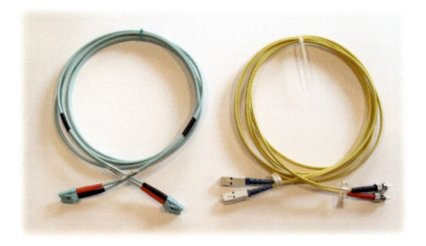

Bild 3.15:   Beispiele für ein Patchkabel (Multimode OM3 LC Duplex, links) und für ein Adapterkabel (Singlemode SC – ST, rechts).

3.3.2 Aktive Komponenten

FTTO verwendet ein einstufiges Netzkonzept mit einem durchgehenden Glasfasernetz bis zum Arbeitsplatz. Bei Standorten mit mehreren Gebäuden können die Arbeitsplätze auch direkt vom Standortverteiler mit Glasfasern verbunden werden. In der Praxis werden FTTO-Netze jedoch gerne gebäudeweise gegliedert: Jedes Gebäude besitzt ein FTTO-Netz mit einem eigenen Gebäudeverteiler, der wiederum über Glasfasern mit dem Standortverteiler verbunden ist. Dabei findet man oft die Switchtypen gemäß Tabelle 3.1.

Verteiler	Switch	Typische Datenraten
Arbeitsplatzbereich (kein Verteiler)	Micro-Switch	10/100/1000 Mbit/s zu den Endgeräten 1 Gbit/s Uplink zum Core-Switch
Etagenverteiler wird nicht benötigt	keiner	---
Gebäudeverteiler	Core-Switch(es)	1 Gbit/s Downlink zum Micro-Switch
	Bei Standorten mit mehreren Gebäuden: Aggregation-Switch. Die Gebäudeverteiler können entfallen, wenn die Micro-Switches direkt mit dem Standortverteiler verbunden werden.	*10 Gbit/s oder mehr Uplink zum Core-Switch*
Standortverteiler (falls vorhanden)	Core-Switch(es)	*10 Gbit/s oder mehr Downlink zum Aggregation-Switch in den Gebäudeverteilern falls vorhanden) oder 1 Gbit/s Downlink direkt zu den Micro-Switches*

Tabelle 3.1: Typischer Einsatz verschiedener Switchtypen in FTTO-Netzen.

Die Bezeichnungen der Switches sind keine Gerätebezeichnungen im strengen Sinn, sie stehen vielmehr für deren Funktion. Mit **Uplink** bezeichnet man die Verbindung zur höheren Netzebene, mit **Downlink** zur niedrigeren.

Die typischen maximalen Leitungslängen der Micro-Switch-Uplinks mit 1 Gbit/s betragen 550 m bei Multimodefasern der Kategorien OM2 bis OM5, bei 10 Gbit/s betragen sie 300 m bei OM3-Fasern und 400 m bei OM4- oder OM5-Fasern. Mit Singlemodefasern sind je nach Micro-Switch bis zu 10 km oder bis zu 30 km möglich.

Micro-Switch

Die mit Abstand häufigste aktive Netzwerkkomponente in FTTO-Netzen ist der Micro-Switch, der in der Nähe des Arbeitsplatzes installiert wird. Er besitzt auf der Vorderseite typischerweise 4 RJ45-Anschlüsse für Endgeräte und 1 oder 2 Uplink-Anschlüsse, die sich meist verdeckt an der Seite des Switches befinden. Die meisten Micro-Switches besitzen Uplink-Anschlüsse für Multimodefasern, seltener für Singlemodefasern. Als Stecker werden meist LC Duplex oder SC Duplex verwendet, seltener auch ST. Je nach Modell kann der zweite Uplink-Anschluss auch als RJ45-Anschluss ausgeführt sein, wodurch zwei Micro-Switches über ein einfaches RJ45-Patchkabel miteinander verbunden werden können. Fällt der Glasfaser-Uplink eines Micro-Switches aus, bleibt er über den anderen Micro-Switch weiterhin im Netz erreichbar. Status-LEDs auf der Vorderseite des Micro-Switches informieren den Anwender über den Zustand der Verbindungen, beispielsweise ob eine Verbindung ins Netz vorhanden ist oder ob das Endgerät über Power over Ethernet (PoE) mit Strom versorgt wird. Da Micro-Switches meist wie herkömmliche Anschlussdosen in Kabelkanälen, Installationssäulen oder Bodentanks installiert werden, werden sie manchmal auch als **Installations-Switches** bezeichnet.

Bild 3.16: Beispiel für einen Micro-Switch.
Im rechten Bild ist der gleiche Switch im Kabelkanal eingebaut.
(Produktfotos: MICROSENS).

Bild 3.17:   Beispiele für verschiedene Installationsvarianten von Micro-Switches: in der Steckdosenleiste am Schreibtisch (links), in einer versenkbaren Einheit im Konferenztisch (Mitte) und im Bodentank (rechts).
(Produktfotos: MICROSENS).

Manche sehr flexibel einsetzbaren Micro-Switches haben keinen fest eingebauten Glasfaseranschluss, sondern einen SFP-Slot. **SFP** steht für **„small form-factor pluggable"**, was auf Deutsch etwa „kleines Steckmodul" bedeutet. Diese kleinen Einsteckmodule enthalten den Glasfaseranschluss und den dazugehörigen Teil der Sende- und Empfangselektronik. Das SFP-Modul bestimmt den Anschluss, also Fasertyp und Ethernet-Art und damit auch die maximale Leitungslänge. Dadurch ist es möglich, ein Projekt mit unterschiedlichen Anforderungen mit nur einem Micro-Switch-Typ auszustatten. Wird statt eines Multimode-Anschlusses ein Singlemode-Anschluss benötigt, oder soll der Micro-Switch an eine Kupferleitung statt an ein Glasfaserkabel angeschlossen werden, wird einfach das SFP-Modul getauscht. Die meisten SFPs besitzen einen LC-Duplex-Anschluss, es gibt sie aber auch mit LC Simplex und mit RJ45-Anschluss.

Bild 3.18:   Beispiel für einen Micro-Switch mit eingebautem SFP-Modul (links) und einzelnes SFP-Modul (rechts).
(Produktfotos: MICROSENS).

Micro-Switches gibt es in **managebarer** und **nicht-managebarer Ausführung**. Managebare Micro-Switches können in ein Netzwerkmanagement-System einbezogen werden, was Verwaltung, Fehlersuche und Software-Updates wesentlich vereinfacht.

Je nach Ausführung kann der Micro-Switch angeschlossene Endgeräte über **Power over Ethernet** (**PoE**) auch mit Strom versorgen. Bei **Four-Pair Power over Ethernet** (**4PPoE**) stehen einem Endgerät bis zu 71,3 W zur Verfügung.

Aufgrund ihrer hohen Rechenleistung können Micro-Switches neben der reinen Datenvermittlung zusätzliche Aufgaben übernehmen. **Apps** (kleine Programme, wie man sie von Smartphones und Tablets kennt) werden in den Switch geladen und stellen weitreichende Funktionalitäten zur Verfügung wie beispielsweise die Steuerung der Beleuchtung, Heizung/Klimatisierung und Beschattung. Apps können auch umfangreiche Sicherheitsfunktionen bieten, die den Netzwerkzugang sicherer machen.

Es gibt auch Micro-Switches, die für spezielle Anwendungen ausgelegt sind, beispielsweise besonders robuste Ausführungen für den Einsatz in der Industrie oder Modelle für medizinisch genutzte Räume, wo besondere Anforderungen an den Patientenschutz und an die Desinfizierbarkeit der Geräte gestellt werden.

Bild 3.19: Beispiele für Micro-Switches für besondere Anwendungen: links Ausführung für Industrie-Umgebungen, rechts für den Einsatz in medizinisch genutzten Räumen. (Produktfotos: MICROSENS).

Core-Switch

Im Gebäudeverteiler, wo die Glasfaserkabel von den Arbeitsplätzen zusammenlaufen, werden leistungsfähige Switches mit Glasfaseranschlüssen und hoher Packungsdichte benötigt. Man bezeichnet Switches an zentralen Stellen im Netzwerk, wo die ganzen Daten zusammenlaufen, auch als **Core-Switches**. Werden weitere Switches als Zwischenstufe vorgeschaltet, werden diese als **Aggregation-** oder **Distribution-Switches** bezeichnet. Diese Bezeichnungen werden in der Praxis jedoch nicht immer einheitlich verwendet.

Glasfaser-Switches gibt es meist mit SFP-Slots, die bedarfsabhängig bestückt werden können. Das SFP-Modul bestimmt dabei die Ethernet-Art und die damit mögliche Leitungslänge. Multimode- und Singlemode-SFPs können je nach Gerät im selben Switch gemischt werden, ebenso sind SFPs mit RJ45-Anschluss erhältlich. Switches mit fest eingebauten Glasfaseranschlüssen sind selten geworden.

Bild 3.20: Beispiel für einen Core-Switch mit SFPs.
(Produktfoto: MICROSENS).

Große Switches können **modular** ausgeführt werden, das heißt, ein großes Gehäuse wird bedarfsabhängig mit Modulen bestückt, die die entsprechenden Anschlüsse zur Verfügung stellen. Da der Bedarf an Anschlüssen für die kommenden Jahre nicht unbedingt sicher vorausgesagt werden kann, finden sich in der Praxis häufig so genannte **Stackable Switches**. Dabei handelt es sich um eigenständige Switches mit 24 oder mehr Anschlüssen, die zu einem gemeinsamen Switch zusammengeschaltet werden können (engl. stack = Stapel). In vielen Fällen ist eine Lösung mit Stackable Switches, die bedarfsabhängig ausgebaut wird, wirtschaftlicher als eine Lösung mit modularen Switches. Dies muss jedoch projektspezifisch geprüft werden.

Bei Standorten mit mehreren Gebäuden besitzen die Switches in den Gebäudeverteilern Uplink-Anschlüsse zur Verbindung mit den Switches im Standortverteiler. Bei diesen Verbindungen werden oftmals mehrere 10-Gbit/s-Verbindungen zu einer logischen Verbindung von beispielsweise 40 Gbit/s zusammengeschaltet. Einzelne Anschlüsse mit 40 und 100 Gbit/s sind ebenfalls möglich.

3.4 Redundanzkonzepte

Mit FTTO lassen sich auf einfache Weise redundante Netze aufbauen, die durch ihre zusätzlichen Verbindungen eine erhöhte Ausfallsicherheit bieten.

Im einfachsten Fall werden benachbarte Micro-Switches von verschiedenen Core-Switches versorgt. Besitzen die Micro-Switches einen zusätzlichen Kupfer-Uplink, können jeweils zwei zusätzlich mit einem Kupfer-Patchkabel miteinander verbunden werden. Fällt die Glasfaserverbindung zu einem Micro-Switch aus, bleibt dieser über das Kupferkabel weiterhin im Netz. Die ringförmige Verkabelung, die im Regelbetrieb mit dem Kupfer-Patchkabel entsteht, muss durch entsprechende Netzwerk-Protokolle berücksichtigt werden, da im klassischen Ethernet keine Ringstruktur vorgesehen ist.

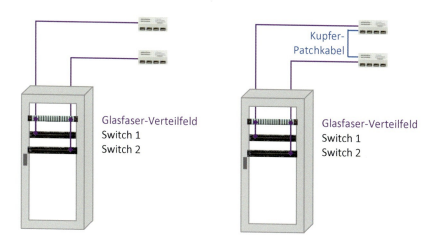

Bild 3.21: Beispiele für einfache Redundanzkonzepte:
Benachbarte Micro-Switches sind mit verschiedenen Core-Switches verbunden (links); eine Querverbindung mit einem Kupfer-Patchkabel sorgt für erhöhte Ausfallsicherheit (rechts).
(Produktfotos: MICROSENS, Telegärtner).

In vielen Projekten werden für mögliche künftige Erweiterungen vier statt zwei Glasfasern zu den Micro-Switches verlegt. Bei Micro-Switches mit zwei Glasfaser-Uplinks kann eine Glasfaser-Querverbindung zwischen zwei Micro-Switches dann recht einfach realisiert werden: Die Fasern, die zu den beiden zusätzlichen Uplink-Ports führen, werden im Gebäudeverteiler einfach mit einem Glasfaser-Patchkabel verbunden. Dadurch entsteht eine Ringstruktur wie oben mit dem Kupfer-Patchkabel beschrieben, und auch hier muss das Netzwerkprotokoll die ringförmige Verkabelung berücksichtigen, da sonst Übertragungsfehler im Netzwerk auftreten können.

Noch einen Schritt weiter geht das **Dual Homing**, bei dem Micro-Switches mit zwei Glasfaser-Uplinks mit zwei verschiedenen Core-Switches verbunden werden.

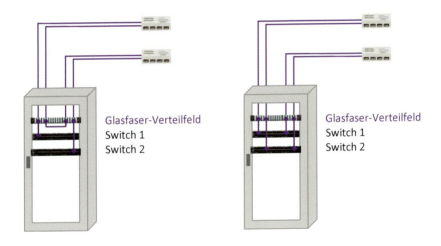

Bild 3.22:   Beispiele für Redundanzkonzepte mit zwei Glasfaser-Uplinks:
Links: Querverbindung zwischen zwei Micro-Switches durch einfaches Patchen im Gebäudeverteiler.
Rechts: Dual Homing, bei dem der Micro-Switch mit zwei verschiedenen Core-Switches verbunden wird.
(Produktfotos: MICROSENS, Telegärtner).

Eine noch höhere Ausfallsicherheit kann erreicht werden, wenn die Kabel zu den Micro-Switches über verschiedene Wege (einschließlich verschiedener Steigeschächte) geführt werden (so genannte **Zweiwegeführung**).

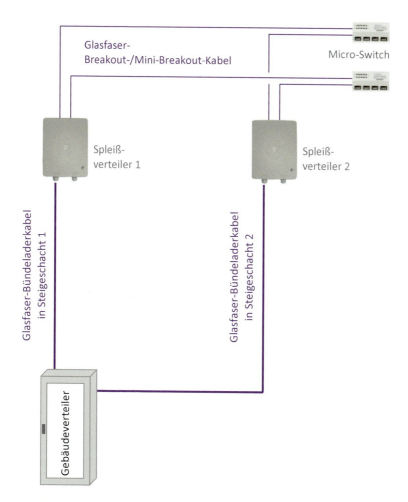

Bild 3.23:   Beispiel für ein FTTO-Netz mit hoher Redundanz für erhöhte Ausfallsicherheit. (Produktfotos: MICROSENS, Telegärtner).

3.5 Wichtige Normen

WICHTIG: Normen werden laufend aktualisiert. Auf das Er-scheinungsdatum wurde in dieser Liste daher bewusst verzichtet. Bitte immer die aktuell gültige Fassung verwenden.

Zu den wichtigsten Normen für FTTO-Netze zählen:

DIN EN 50173 Informationstechnik – Anwendungsneutrale Kommunikationskabelanlagen
Teil 1: Allgemeine Anforderungen
Teil 2: Bürobereiche
Teil 3: Industriell genutzte Bereiche
Teil 6: Verteilte Gebäudedienste

DIN EN 50174 Informationstechnik – Installation von Kommunikationsverkabelung
Teil 1: Installationsspezifikation und Qualitätssicherung
Teil 2: Installationsplanung und Installationspraktiken in Gebäuden
Teil 3: Installationsplanung und Installationspraktiken im Freien

DIN EN 50346 Informationstechnik – Installation von Kommunikationsverkabelung - Prüfen installierter Verkabelung

ISO/IEC 11801 Information technology – Generic cabling for customer premises
internationale Norm; Festlegungen der ISO/IEC 11801 und DIN EN 50173 entsprechen sich weitestgehend

ANSI/TIA-568
US-amerikanische Normenreihe zur Verkabelung und Komponenten, enthält zum Teil andere Vorgaben als ISO/IEC 11801 und DIN EN 50173.

IEEE Standard for Ethernet 802.3
Norm für Ethernet inklusive Power over Ethernet.

3.6 Besonderheiten/Beachten

Glasfaserkabel sind bei der gleichen Menge zu versorgender Netzwerkanschlüsse wesentlich dünner als Kupferleitungen, was kleinere Kabelkanäle, kleinere Mauerwerksdurchbrüche und kleinere Brandschottungen ermöglicht. Und dünnere Kabel führen meist auch zu geringeren Brandlasten.

Da bei FTTO auf die Etagenverteiler mit ihren Switches, Schränken, Klimaanlagen, unterbrechungsfreien Stromversorgungen und der Sicherheitstechnik verzichtet werden kann, können FTTO-Netze je nach Projekt deutlich geringere Errichtungs- und Betriebskosten als Netze mit klassischer strukturierter Verkabelung bieten. Hierzu gibt es im Internet zahlreiche Studien und Wirtschaftlichkeitsbetrachtungen unabhängiger Institutionen.

Störungen im Netzwerk bleiben bei FTTO durch das dezentrale Konzept in vielen Fällen auf einen sehr kleinen Bereich des Netzes begrenzt. Fällt einmal ein Micro-Switch aus, dann sind bei FTTO-Netzen meist nur wenige Anschlüsse (typischerweise vier) betroffen.

Je nach Typ können auf den Micro-Switches umfangreiche Sicherheitsfunktionen eingerichtet werden, so dass Unbefugte gleich am Rand des Netzwerks abgewiesen werden. Leistungsfähige Micro-Switches verfügen über so viel Rechenleistung, dass sie neben der effizienten Datenübertragung noch zusätzliche Funktionen übernehmen können. Kleine Softwarebausteine (**Apps**), wie man sie von Smartphones und Tablets kennt, können beispielsweise für einen Diebstahlschutz der angeschlossenen Geräte sorgen, selbst wenn die Endgeräte ausgeschaltet sind. Mit Smart-Office-Apps können Beleuchtung, Jalousien, Heizung, Klimatisierung und sogar Elektro-Steckdosen komfortabel über den PC oder das Smartphone gesteuert werden. Falls die Anlagen der Gebäudetechnik keinen IP-Anschluss besitzen, können sie über Gateways ins Datennetz eingebunden werden. Eine Kopplung mit anderen Systemen wie beispielsweise der Zutrittskontrollanlage oder der Gebäudealarmierung ist ebenfalls möglich. Switches mit Apps zählen dadurch zu den wichtigsten Komponenten im **Smart Office**, dem modernen, intelligenten Büro, das sich den Bedürfnissen der Anwender anpasst. Richtig geplant und umgesetzt, kann das Smart Office einen deutlich höheren Komfort und ergonomische Arbeitsplätze bei gleichzeitig höherer Sicherheit und Wirtschaftlichkeit bieten.

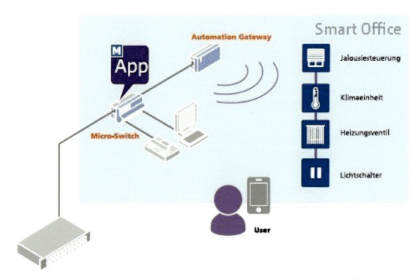

Bild 3.24:   Beispiel für die IP-basierte Gebäudetechnik (Smart Office) mit Micro-Switch, App und Gateway. (Grafik: MICROSENS).

Bei der Netzwerkplanung ist zu berücksichtigen, dass sich die angeschlossenen Endgeräte die Bandbreite des Uplinks teilen. Bei Micro-Switches mit Gigabit-Ethernet-Uplink stehen bei vier Endgeräte-Anschlüssen durchschnittlich 250 Mbit/s zur Verfügung. Diese Zahl gilt jedoch nur, wenn alle Endgeräteanschlüsse belegt sind und auch alle Endgeräte gleichzeitig senden. Dies ist oft nicht der Fall, so dass die Datenrate, die jedem Endgerät tatsächlich zur Verfügung steht, in der Praxis meist deutlich höher ausfällt. Diese Betrachtung gilt grundsätzlich auch in der klassischen strukturierten Verkabelung, bei der den

Endgeräten Switch-Anschlüsse mit 100 Mbit/s oder 1 Gbit/s fest zugeordnet sind. Der Switch im Etagenverteiler ist über seinen Uplink-Port mit dem Switch im Gebäudeverteiler verbunden, und so teilen sich die an den Etagen-Switch angeschlossenen Endgeräte schlussendlich die Datenrate von dessen Uplink-Port zum Core-Switch. Bei dieser Rechnung käme man beispielsweise bei einem Switch mit einem Uplink von 10 Gbit/s und Anschlüsse für 24 Endgeräte auf durchschnittlich knapp 42 Mbit/s pro Endgerät, was aber nur dann zutrifft, wenn alle Endgeräte gleichzeitig senden oder empfangen. Sowohl bei FTTO als auch bei der strukturierten Verkabelung ist zu beachten, dass ein Datenraten-Engpass (engl. bottleneck = Flaschenhals) in der Praxis oft nicht an irgendwelchen Uplink-Ports auftritt, sondern am Server-Anschluss, über den die Daten von und zu allen Endgeräten, die gerade mit dem Server Daten austauschen, übertragen werden.

Die typische maximale Leitungslänge wird bei FTTO oft mit 550 m angegeben. Dies rührt daher, dass Micro-Switches meist per Gigabit Ethernet über Multimode-Fasern mit dem zentralen Switch im Gebäudeverteiler verbunden sind. Bei 10 Gigabit Ethernet beträgt die maximale Leitungslänge nach Norm 300 m mit Fasern der Kategorie OM3 und 400 m mit Fasern der Kategorie OM4 oder OM5. Werden Singlemodefasern verwendet, beträgt die maximale Leitungslänge typischerweise 10 km. Es gibt sogar Ausführungen für 30 km.

4 Der Newcomer: Passive Optical LAN (POL)

4.1 Kurz das Wichtigste

POL, seltener auch als **POLAN** bezeichnet, steht für **Passive Optical LAN**, auf Deutsch „Passives optisches lokales Netz". POL verwendet pro Link eine einzelne Singlemode-Glasfaser, in der die Daten in beide Richtungen übertragen werden. Fasern, die vom Gebäudeverteiler in Richtung Anwender-Anschlüsse laufen, können über passive Splitter auf mehrere abgehende Fasern aufgeteilt werden. Die typische maximale Leitungslänge bei POL-Netzen wird oft mit 20 km angegeben, sie hängt jedoch stark von Art und Anzahl der eingebauten Komponenten ab, besonders der aktiven Netzwerkkomponenten und der Splitter. Die Verkabelung erfolgt baumförmig. Als Glasfaserstecker wird meist der SC in schräggeschliffener Version (SC/APC) verwendet.

POL-Netze benötigen keinen Etagenverteiler, sondern allenfalls kleine Wandgehäuse für Splitter, oder um Glasfaserkabel miteinander zu verbinden.

Am Arbeitsplatz werden so genannte Optical Network Terminals (ONTs) installiert. Sie besitzen einen oder mehrere Glasfaseranschlüsse auf der Netzwerkseite und mehrere RJ45-Anschlüsse für Endgeräte wie PCs, Drucker und Ähnliches.

In DIN EN 50173-2:2018-10 „Informationstechnik – Anwendungsneutrale Kommunikationskabelanlagen – Teil 2: Bürobereiche" ist eine Verkabelungsstruktur mit Glasfasern bis zum Anwender enthalten; Splitter sind dabei nicht vorgesehen. In die amerikanische Verkabelungsnorm ANSI/TIA-568 wurden POL-Strukturen bereits aufgenommen.

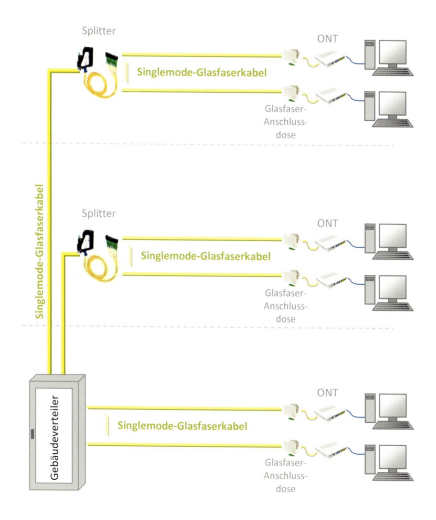

Bild 4.1: Beispiel für eine typische Struktur eines POL-Netzes.
(Produktfotos: © Copyright CommScope 2017, Huawei).

4.2 Der Aufbau: Verkabelungsstruktur

POL hat seine Wurzeln in Weitverkehrsnetzen wie Fiber To The Home (FTTH) und Fiber To The Building (FTTB), wo es als **PON – Passive Optical Network** („passives optisches Netz") – bekannt ist. Wie FTTO verwendet POL keine Kupferleitungen für die Verkabelung im Gebäude, sondern Glasfasern, wodurch weit mehr als 90 m Leitungslänge möglich sind. Am Arbeitsplatz stellen kleine elektronische Geräte die gewohnten RJ45-Anschlüsse zur Verfügung. Hier enden bereits die Gemeinsamkeiten von POL und FTTO, denn den beiden liegen völlig verschiedene Technologien zugrunde. Während bei FTTO zwei Fasern vom Gebäudeverteiler zum Micro-Switch verlaufen und durchgehend IP- und Ethernet-Protokoll verwendet werden, verwendet POL nur eine Faser pro Anschluss. Die aktiven Netzwerkkomponenten stammen aus der Weitverkehrstechnik. Ein **Optical Line Terminal** (**OLT**) im zentralen Verteiler stellt Anschlüsse für Ethernet-Switches, Router und Server zur Verfügung. Vom OLT führen Singlemodefasern zu **Optical Network Terminals** (**ONT**), kleine Geräte mit meist zwei oder vier RJ45-Ethernet-Anschlüssen für Endgeräte wie beispielsweise PCs und Drucker. ONTs werden oft nicht direkt an das Verlegekabel angeschlossen, sondern an Glasfaser-Anschlussdosen, in denen das Verlegekabel endet. Zwischen OLT und ONT wird je nach POL-Typ oft kein Ethernet-, sondern ein Weitverkehrs-Protokoll übertragen. Abhängig von der Art und der Anzahl der eingesetzten aktiven und passiven Komponenten sind Leitungslängen von 20 km möglich.

Die Anschlüsse am OLT stellen sehr hohe Datenraten von einem oder mehreren Gigabit pro Sekunde zur Verfügung. Sie können mehrere Geräte versorgen, und so werden die Glasfasern, die vom OLT zu den Anwendern führen, durch **Splitter** jeweils auf mehrere abgehende Fasern aufgeteilt. Splitter sind rein passive Schnittstellenvervielfacher: Ein vom Verteiler kommendes Datensignal wird in viele abgehende Glasfasern weitergeleitet, wohingegen Daten vom Nutzer zum OLT nur in die Faser zum Verteiler weitergeleitet wird. Durch die Splitter entsteht eine Verkabelung mit einer Baumstruktur.

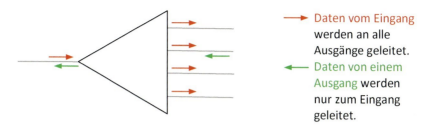

Bild 4.2: Grundsätzliche Arbeitsweise eines Splitters in POL-Netzen
(vereinfacht).

Splitter können an jeder beliebigen Stelle des Netzwerks vorgesehen werden. Je nachdem, wo sie installiert werden, laufen mehr oder weniger Fasern zum Verteiler. Dies wiederum beeinflusst die Flexibilität und die Erweiterungsmöglichkeiten des Netzwerks:

- **Splitter im Hauptverteiler** oder in dessen Nähe führen zu großen Kabelbündel, die von dort durch das Gebäude verlegt werden müssen. Die vielen Fasern bieten allerdings die Möglichkeit, später einmal Splitter mit geringerem Teilungsverhältnis zu verwenden oder sie sogar direkt an das OLT im Verteiler anzuschließen, um noch höhere Datenraten zu den Endgeräten übertragen zu können. Außerdem kann das Netz mit weiteren Splittern auf den Etagen erweitert werden, um mehr Teilnehmer zu versorgen. Je mehr Fasern im Steigebereich vorgesehen werden, desto flexibler kann die Verkabelung künftigen Anforderungen angepasst werden.

- **Splitter auf der Etage** führen zu sehr dünnen Kabelbündeln vom zentralen Verteiler in die einzelnen Etagen, was wiederum zu geringeren Brandlasten und kleineren Brandschottungen als bei großen Kabelmengen führt. Die Eingriffe in die Gebäudesubstanz durch Bohrungen und Durchbrüche sind ebenfalls geringer. Weniger Fasern im Steigebereich bedeuten allerdings fast immer, dass die Verkabelung künftigen Anforderungen und Änderungen nur eingeschränkt angepasst werden kann, besonders, was die Versorgung einer größeren Anzahl von Anwendern mit hohen Datenraten betrifft: Das Netz gibt bei immer mehr Anwendern irgendwann nicht mehr genug her. Werden Splitter auf der Etage jeweils in der Nähe der zu versorgenden Räume oder Arbeitsplätze installiert, spricht man vom **Zone Splitting**, was grob mit „ein Splitter pro Verkabelungszone" übersetzt werden kann.

■ Netzarchitekturen mit nur einem Splitter im Signalweg bezeichnet man als **Centralized Split Architecture**, kurz **Centralized Splitting**, unabhängig davon, ob der Splitter im „zentralen" Hauptverteiler installiert wird oder an einer anderen Stelle im Netz, beispielsweise in einem kleinen Verteiler auf der Etage. Die Begriffe werden in der Praxis nicht immer einheitlich verwendet.

■ Im Leitungsweg können **mehrere Splitter hintereinandergeschaltet („kaskadiert")** werden. Jeder Splitter teilt das ankommende Datensignal auf die abgehenden Fasern auf, das Signal wird dabei im Teilungsverhältnis des Splitters schwächer, denn auch die Leistung des ankommenden Signals wird aufgeteilt. Durch das schwächere Signal verringert sich die maximale Leitungslänge. Gleichzeitig verringert sich auch die Datenrate, die jedem Anwender zur Verfügung steht, denn die maximale Datenrate des OLT-Anschlusses teilt sich auf die Anwender auf. Splitter hintereinanderzuschalten wird oft als **Cascaded Split Architecture** („Netzarchitektur mit kaskadierten Splittern"), kurz **Cascaded Splitting**, oder auch als **Distributed Split Architecture** („Netzwerkarchitektur mit verteilten Splittern"), kurz **Distributed Splitting** bezeichnet.

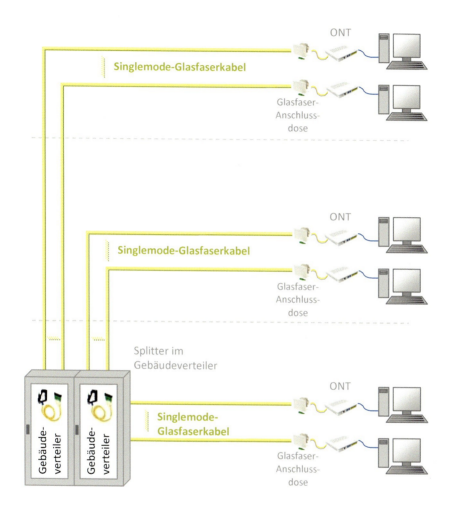

Bild 4.3: Beispiel für ein POL-Netz mit Centralized Split Architecture und Splittern im Hauptverteiler.
(Produktfotos: © Copyright CommScope 2017, Huawei).

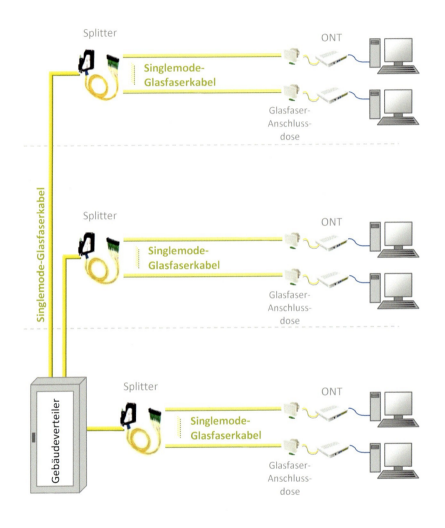

Bild 4.4: Beispiel für ein POL-Netz mit Centralized Split Architecture und
Splittern auf den Etagen des Gebäudes.
(Produktfotos: © Copyright CommScope 2017, Huawei).

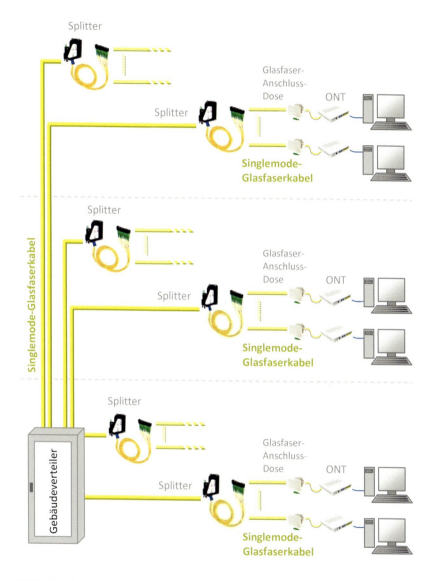

Bild 4.5: Beispiel für ein POL-Netz mit Centralized Split Architecture und Zone Splitting.
(Produktfotos: © Copyright CommScope 2017, Huawei).

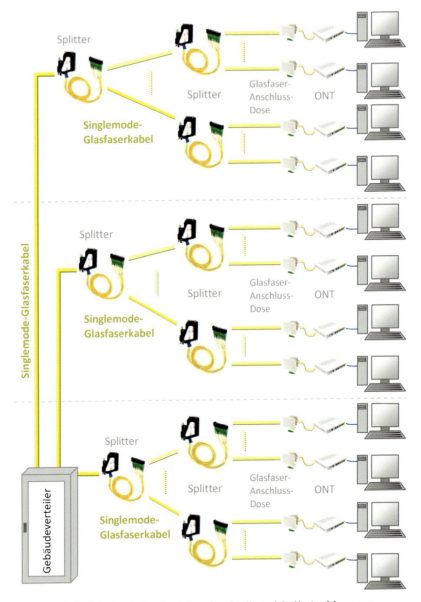

Bild 4.6: Beispiel für ein POL-Netz mit Distributed Split Architecture.
(Produktfotos: © Copyright CommScope 2017, Huawei).

Auch bei POL gibt es die Möglichkeit, im Verteiler mit **Rangierungen** (**cross-connection**) zu arbeiten, bei denen die aktiven Netzwerkkomponenten oder die Splitter ein eigenes Verteilfeld erhalten, so dass nur zwischen diesen und dem Verteilfeld, an dem die Installationskabel enden, gepatcht wird. In Europa wird stattdessen meist eine **Durchverbindung** (engl. **interconnection**) verwendet, bei der die Komponenten über Patchkabel direkt mit dem Verteilfeld der Installationskabel verbunden werden.

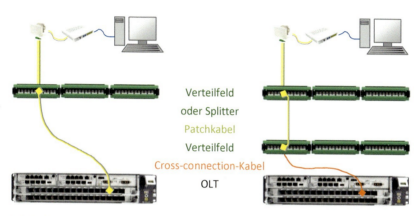

Verteilfeld
oder Splitter
Patchkabel
Verteilfeld
Cross-connection-Kabel
OLT

Bild 4.7: Beispiel für eine Durchverbindung (interconnection, links) und einen Rangierverteiler (cross-connection, rechts). (Produktfotos: © Copyright CommScope 2017, Huawei).

Bei POL-Verkabelungen kann wie in FTTO-Netzen auf die Etagenverteiler verzichtet werden. Werden Splitter auf den Etagen installiert, genügt ein kleines, unauffälliges Wandgehäuse, das buchstäblich überall Platz findet – in der abgehängten Decke, im Doppelboden, einem Lagerraum für Büromaterial und sogar im Putzraum. Ein **Fiber Distribution Hub** – ein Kleinverteiler mit Glasfaser-Verteilfeldern – ermöglicht dabei ein sehr flexibles Netzwerkdesign. Er ändert nichts an der grundsätzlichen POL-Verkabelungsstruktur, doch statt die Glasfasern direkt in die Anschlüsse des Splitters zu stecken, enden sie übersichtlich in Verteilfeldern. Bei zukünftigen Änderungen muss nur umgepatcht werden. So können anfangs beispielsweise Splitter mit hohem Teilungsverhältnis (beispielsweise 1:32) im Fiber Distribution Hub installiert werden. Benötigt man zu einem späteren Zeitpunkt höhere Datenraten, können die Splitter mit hohem Teilungsverhältnis einfach durch Splitter mit geringerem Teilungsverhältnis ersetzt werden, um die Datenrate, die der OLT-Anschluss zur Verfügung stellt, auf weniger Anwender aufzuteilen. Dazu müssen natürlich genügend freie Fasern zum Hauptverteiler vorhanden sein, damit jeder Splitter eine eigene Verbindung zum OLT bekommt, und auch das OLT muss genügend Anschlüsse zur Verfügung stellen können. Im Fiber Distribution Hub können die Reservefasern übersichtlich und gut geschützt untergebracht werden.

Wenn die Verkabelung möglichst flexibel und zukunftssicher durch viele Fasern bis in die Etagen gestaltet werden soll, aber nur wenig Platz für dicke Kabelbündel vorhanden ist, dann kann die Kombination von Bündeladerkabeln im Steigebereich und Mini-Breakout-kabeln zu den ONTs sinnvoll sein. Zwischen Hauptverteiler und Hub werden platzsparende Bündeladerkabel verlegt, zwischen Hub und ONT Mini-Breakoutkabel. Der Fiber Distribution Hub kann dabei auch als Spleißverteiler dienen. Das funktioniert in vielen Fällen auch gebäudeübergreifend, denn POL verwendet Singlemodefasern. Damit sind je nach Hersteller der aktiven Netzwerkkomponenten und der Art und Anzahl der Splitter im Leitungsweg Leitungslängen von 20 km und mehr möglich. In vielen Fällen kommt man daher auch bei Standorten mit mehreren Gebäuden mit einem einzigen, zentralen Hauptverteiler aus.

Je nach Größe des Netzes kann es sinnvoll sein, einen weiteren Verteilpunkt im Leitungsweg einzufügen. Ein **Fiber Distribution Terminal** ist im Prinzip die kleine Ausgabe eines Fiber Distribution Hubs und kann als Sammelpunkt wie auch als Mehrfach-Anschluss-dose verwendet werden.

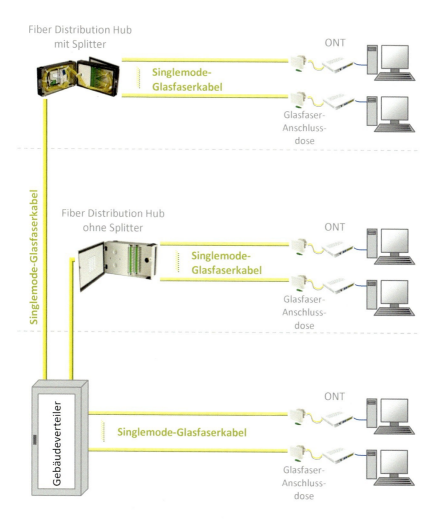

Bild 4.8: Beispiel für ein POL-Netz mit Zwischenverteilern (Fiber Distribu-tion Hubs) auf den Etagen. Splitter können in den Fiber Distribu-tion Hubs und/oder im Gebäudeverteiler installiert werden. (Produktfotos: © Copyright CommScope 2017, Huawei).

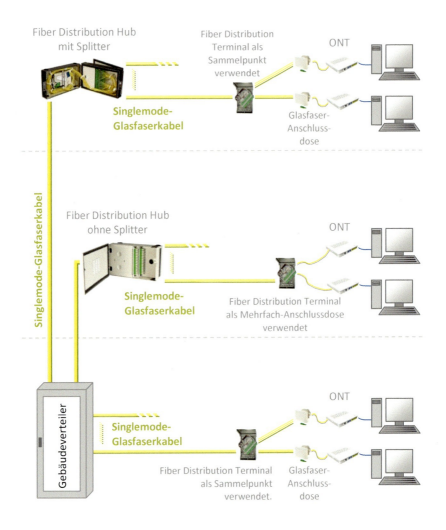

Bild 4.9: Beispiel für ein POL-Netz mit mehreren Zwischenverteilern (Fiber Distribution Hubs und Fiber Distribution Terminals). Fiber Distribution Terminals können als Sammelpunkt wie auch für den Anschluss von Endgeräten verwendet werden. Splitter können in den Fiber Distribution Hubs und/oder im Gebäudeverteiler installiert werden.
(Produktfotos: © Copyright CommScope 2017, Huawei).

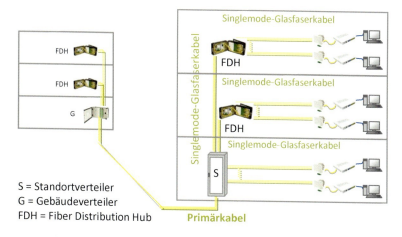

S = Standortverteiler
G = Gebäudeverteiler
FDH = Fiber Distribution Hub

Bild 4.10:   Beispiel für ein POL-Netz bei Standorten mit mehreren
            Gebäuden.
            (Produktfotos: © Copyright CommScope 2017, Huawei).

Grundsätzlich genügt bei POL eine Faser für den Anschluss eines
ONTs. Manche Anwender lassen jedoch zwei Fasern installieren, um
für künftige Erweiterungen gerüstet zu sein und um zu einem späteren
Zeitpunkt auch Ethernet-Geräte, die zwei Fasern pro Anschluss benötigen, an das Glasfasernetz anschließen zu können. Allerdings wird
dann die doppelte Anzahl Fasern benötigt, was den Vorteil des geringen Verkabelungsaufwandes bei POL schmälert.

Als Steckverbinder werden an OLT und ONT meist SC/APC und SC
UPC eingesetzt, für Ethernet-Anschlüsse am OLT auch LC Duplex.

4.3 Die Einzelteile

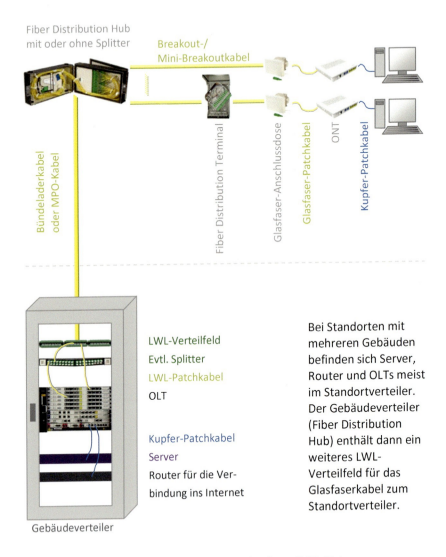

Bild 4.11: Beispiel für die Komponenten in einem POL-Netz.
(Produktfotos: © Copyright CommScope 2017, Huawei).

4.3.1 Passive Komponenten

Kupferkomponenten beschränken sich bei POL wie bei FTTO auf die Patchkabel, mit denen Endgeräte an die ONTs oder an die OLTs im Hauptverteiler angeschlossen werden. Ausführliche Informationen zu Kupferpatchkabeln finden sich im Kapitel 2.3.1.1.

Glasfaser-Installationskabel

POL verwendet typischerweise **Standard-Singlemodefasern**. Art und Menge der verlegten Kabel hängt in erster Linie davon ab, wo Splitter installiert werden oder künftig installiert werden sollen.

Werden Splitter in Fiber Distribution Hubs auf den Etagen platziert, werden oft **Bündeladerkabel** zwischen Hauptverteiler und Hub eingesetzt. Sie bieten eine hohe Faserzahl und benötigen nur wenig Platz. **Universalkabel**, die für die Verlegung im Innen- und Außenbereich zugelassen sind, sind dabei besonders beliebt, selbst wenn sie nur im Innenbereich eingesetzt werden, da sie mechanisch stabiler sind und je nach Ausführung einen nichtmetallischen Nagetierschutz besitzen. Außerdem sind sie wesentlich unempfindlicher gegen Feuchtigkeit als Innenkabel, und in großen Gebäuden kann es schon mal eine Weile dauern, bis man ein Leck in einem Wasserrohr, Kondenswasser oder sonstige Feuchtigkeit bemerkt.

Vom Hub zu den ONTs in Arbeitsplatznähe können **Einzeladern** mit robuster Isolierung, zweifaserige **Zipcord**, **Minizip-**, **Breakout-** oder **Mini-Breakoutkabel** verlegt werden, je nachdem, wie viel Platz für die zu verlegenden Kabel vorhanden ist.

Biegeunempfindliche Glasfasern in dünnen Kabeln bieten in Gebäuden wie Hotels, Krankenhäusern oder Hochschulen, in denen nicht überall Kabelkanäle vorhanden sind, Vorteile. Auch bei recht engen Kurven und Biegungen erhöht sich die Faserdämpfung nicht oder nur unwesentlich, solange die Mindestbiegeradien von Faser und Kabel

nicht unterschritten werden. Typische Mindestbiegeradien von biegeunempfindlichen Fasern liegen zwischen 5 und 10 mm, abhängig von
der jeweiligen Faser. Der des Kabels ist jedoch meist größer. Nicht
alle biegeunempfindlichen Fasern sind kompatibel zu Standardfasern,
hier schafft ein Blick ins Datenblatt oder eine Bestätigung des Herstellers Klarheit.

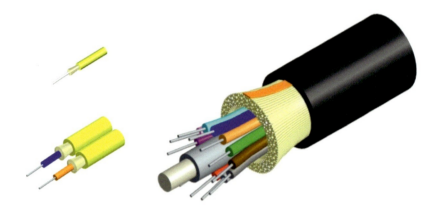

Bild 4.12: Beispiele für Glasfaserkabel in POL-Netzen:
Einzelader (links oben), Zipcord (links unten) und
Mini-Breakout (rechts).
(Abbildungen nicht maßstäblich).
(Produktbilder: © Copyright CommScope).

Spleißen und Steckermontage erfordert besonderes Werkzeug und vor
allem Sachkenntnis. Viele Betriebe, die nur selten Glasfasernetze
installieren, beauftragen daher einen spezialisierten Nachunternehmer
oder greifen zu **vorkonfektionierten, anschlussfertigen Lösungen**.
Glasfaserstrecken mit werksseitig konfektionierten und geprüften Steckern können schnell und ohne spezielle Ausrüstung installiert werden.
Die vorkonfektionierten Kabel werden wie gewohnt verlegt und befestigt, die Kabeleinziehhilfe wird entfernt, die Stecker kontrolliert
und falls nötig gereinigt und eingesteckt.

Bild 4.13:   Beispiele für vorkonfektionierte Kabel.
(Produktfotos: © Copyright CommScope 2017).

Glasfaserstecker

Der **SC/APC**-Steckverbinder ist er dominierende Stecker in POL-Netzen. Er ist vergleichsweise robust und gut zu handhaben und besitzt sehr gute optische Eigenschaften. Die Endflächen bei Steckern in **APC**-Ausführung sind schräg geschliffen, um Probleme durch Reflexionen in Steckverbindungen zu vermeiden. Der Schliffwinkel beträgt meist 8°, es gibt aber auch APC-Stecker mit anderem Winkel. Da nur Stecker mit demselben Schliffwinkel miteinander verbunden werden dürfen, ist immer zu prüfen, welchen Schliffwinkel die Stecker und auch die Buchsen der Geräte besitzen, bevor man einsteckt. Nach DIN EN 50173-1:2018-10 haben Singlemodestecker in APC-Ausführung ein grünes Gehäuse. So kann man sie auf den ersten Blick von Geradschliff-Singlemodesteckern mit blauem Gehäuse unterscheiden.

Gelegentlich ist der **SC UPC** anzutreffen. Hierbei handelt es sich um einen Stecker mit gerader Stirnfläche, die besonders gut poliert ist, um bessere optische Werte zu erreichen. Für den Anschluss von Ethernet-Geräten an den OLT mit Glasfasern wird meist der **LC-Duplex** verwendet, je nach Anschlusstyp mit Singlemode- oder Multimodefasern.

Bild 4.14: Beispiele für gebräuchliche Stecker in POL-Netzen.
Von links nach rechts: SC/APC, SC UPC und LC Duplex.
(Abbildungen nicht maßstäblich).
(Produktfotos: © Copyright CommScope 2017).

Splitter

Splitter sind die charakteristische Komponente in POL-Netzen. Splitter teilen das ankommende Datensignal auf die abgehenden Fasern auf, das Signal wird dabei im **Teilungsverhältnis** (engl. **split ratio**) des Splitters schwächer, denn auch die Leistung des ankommenden Signals teilt sich auf. Bei einem 1:32-Splitter beispielsweise wird das ankommende Datensignal auf 32 abgehende Fasern aufgeteilt. Das abgehende Datensignal hat dabei nur noch 1/32 der Leistung des ankommenden Signals. Splitter, die die Leistung des abgehenden Signals ungleichmäßig aufteilen, sind in POL-Netzen sehr selten. Mit der Aufteilung des Signals verringert sich auch gleichzeitig die Datenrate für die Endgeräte – bei einem 1:32-Splitter steht jedem Anwender auch durchschnittlich 1/32 der maximalen Datenrate zur Verfügung, die der Anschluss der zentralen aktiven Netzwerkkomponente bietet. Typische Teilungsverhältnisse von Splittern in POL-Netzen sind 1:16 und 1:32, es gibt aber auch andere wie beispielsweise 1:4, 1:8 oder 1:64. Je nach Ausführung besitzt ein Splitter Kupplungen oder kurze Kabelstücke mit Steckern (so genannte Pigtails). Besitzt er Kupplungen, kann er wie gewohnt über Patchkabel mit dem Verteilfeld des Verteilers oder des Fiber Distribution Hubs verbunden werden. Besitzt er

Kabelstücke mit Steckern, werden diese statt der Patchkabel direkt ins Verteilfeld gesteckt, wodurch man sich eine Steckverbindung und die damit verbundene Dämpfung spart, was noch größere Leitungslängen ermöglicht. Allerdings kann die Übersichtlichkeit im Verteiler leiden, wenn nicht alle Fasern verwendet werden und die Kabelstücke dann lose herabhängen oder verwahrt werden müssen.

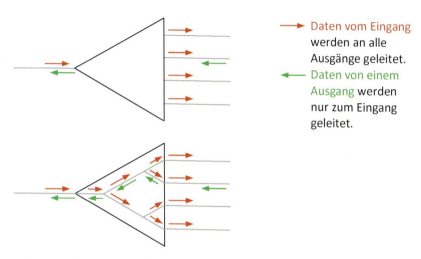

Bild 4.16:   Prinzip eines 1:4-Splitters (vereinfacht).

Bild 4.17:   Beispiele für Splitter für den 19"-Einbau mit Kupplungen (links) und mit Kabelstücken (Pigtails, rechts). (Produktfotos: © Copyright CommScope 2017).

Für eine höhere Ausfallsicherheit des Netzes gibt es Splitter mit zwei Eingängen, so dass ein Splitter mit zwei OLTs verbunden werden kann. Fällt ein OLT oder die Verbindung zu ihm aus, sind die an den Splitter angeschlossenen ONTs über den zweiten OLT noch immer mit dem Netz verbunden. Beim Teilungsverhältnis gibt die erste Ziffer die Anzahl der Eingänge, die zweite die der Ausgänge an. Ein Splitter mit 2 Eingängen und 32 Ausgängen wird als 2:32-Splitter bezeichnet.

Fiber Distribution Hub

Fiber Distribution Hubs – auf Deutsch „zentrale Punkte für die Verteilung von Glasfasern" – sind überall dort sinnvoll, wo außerhalb des Hauptverteilers Glasfaserkabel miteinander verbunden oder wo Splitter eingesetzt werden. Im Prinzip sind sie Unterverteiler, aber sie sind rein passiv, enthalten also keine Switches, sondern nur Verkabelungskomponenten wie Steckverbinder, Splitter und gegebenenfalls Spleißkassetten und Pigtails. Fiber Distribution Hubs werden in der Praxis manchmal auch als **Fiber Zone Box** („Gehäuse für die Verkabelung einer Zone mit Glasfasern") bezeichnet.

Bild 4.18: Beispiele für Fiber Distribution Hubs.
Der Hub rechts ist mit einem integrierten Splitter ausgestattet.
(Produktfotos: © Copyright CommScope 2017).

Auch wenn die Splitter nicht auf der Etage, sondern im Hauptverteiler installiert werden, sind Fiber Distribution Hubs oftmals sinnvoll, denn sie bieten eine hohe Flexibilität für künftige Änderungen und Erweiterungen. Sollen Fasern für zusätzliche Anschlüsse nachgerüstet werden, können die Kabel von den Arbeitsplätzen zum Hub gezogen werden. Dort wird ein Splitter nachgerüstet, der sie mit einer Faser zum Hauptverteiler verbindet. Die Kabel im Steigebereich zwischen Hub und Hauptverteiler werden meist mit Reservefasern vorgesehen.

Fiber Distribution Hubs gibt es auch mit werksseitig vorkonfektionierten Glasfaserkabeln, die auf einer integrierten Kabeltrommel aufgewickelt sind. Dadurch kann der Hub praktisch überall im Netz installiert werden, soweit es die Länge des Kabels zulässt. Das wird zum Verlegen einfach abgespult, der Rest bleibt ordentlich und geschützt auf der Trommel. Mit diesem Konzept muss man sich weder Gedanken machen, ob man die zu verlegenden Kabel ein paar Meter zu kurz bemessen hat, noch, wohin man mit der Überlänge soll. In der Praxis haben sich 12-faserige Kabel mit MPO-Stecker bewährt: Die Kabel sind leicht zu verlegen, schnell anzuschließen und benötigen nur wenig Platz. Im Hub ist ein Fanout-Kabel oder ein Fanout-Modul integriert, an das man Einzelfaserstecker wie den SC/APC anschließen kann. Werden zusätzlich Splitter in den Hub eingebaut, hat man einen platzsparenden, passiven Kleinverteiler, dessen Glasfaserkomponenten nur zusammengesteckt werden müssen, was auch von Nicht-Spezialisten erfolgen kann. Im Hauptverteiler werden ebenfalls Fanout-Module vorgesehen.

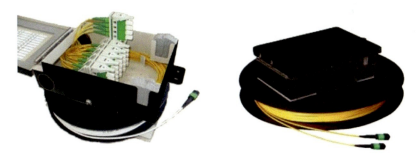

Bild 4.19:   Beispiele für Fiber Distribution Hubs mit vorkonfektioniertem Glasfaserkabel auf integrierter Kabeltrommel.
(Produktfotos: © Copyright CommScope 2017).

Fiber Distribution Terminal

Je nach Größe des Netzes kann es sinnvoll sein, zusätzlich zum Fiber Distribution Hub noch weitere Unter-Verteilpunkte im Leitungsweg vorzusehen. Ein Fiber Distribution Terminal (auf Deutsch „Endpunkt für die Verteilung von Glasfasern") ist im Prinzip die kleine Ausgabe eines Fiber Distribution Hubs und kann als Sammelpunkt wie auch als Mehrfach-Anschlussdose für die ONTs verwendet werden. Es enthält typischerweise keine Splitter, sondern nur Anschlüsse für die Glasfaserkabel.

Wie Fiber Distribution Hubs gibt es Fiber Distribution Terminals auch mit werksseitig vorkonfektioniertem Glasfaserkabel, beispielsweise mit 12 oder 24 Fasern auf einer kleinen Trommel. Bei der Installation des Terminals wird das Kabel einfach abgerollt und zum Fiber Distribution Hub gezogen. Durch die integrierte Trommel ist das Glasfaserkabel sicher und ordentlich verwahrt. Ein solches Fiber Distribution Terminal vereinfacht Planung und Installation, da die Leitungslänge vor der Installation nicht auf den Meter genau bestimmt werden muss.

Bild 4.20: Beispiele für Fiber Distribution Terminals, rechts mit vorkonfektioniertem Glasfaserkabel auf integrierter Kabeltrommel.
(Produktfotos: © Copyright CommScope 2017).

Glasfaser-Verteilfelder

In POL-Netzen werden Glasfaser-Verteilfelder im Hauptverteiler eingesetzt. Je nach Ausführung besitzt auch der Fiber Distribution Hub Verteilfelder für die Glasfaserkabel.

DIN EN 50173-2:2018-10 legt keinen speziellen Steckertyp für Verteilfelder fest. Die aktiven Komponenten des POL-Netzes verwenden meist den SC/APC-Stecker, und so findet man ihn auch oft in den Verteilfeldern, was die Verwaltung des Netzes einfacher macht. Wo der Platz knapp ist, kann der LC/APC eine sinnvolle Alternative sein.

Verteilfelder für POL-Verkabelungen unterscheiden sich in ihrer Funktion nicht von denen für FTTO oder für die strukturierte Verkabelung. Die Verteilfelder enthalten Durchführungskupplungen für die Glasfaserstecker, Kabelführungen und je nach Modell auch eine Zugentlastung. Auffällig sind die grünen Durchführungskupplungen, die für Glasfaserstecker in APC-Ausführung verwendet werden.

In POL-Netzen werden gerne modulare Verteilfelder verwendet: Sie bestehen typischerweise aus einem meist 1 oder 3 Höheneinheiten (HE) hohen Baugruppenträger, der verschiedene Typen von Einschubmodulen aufnehmen kann:

- reine Frontplatten mit Durchführungskupplungen für vorkonfektionierte Kabel oder Breakout-/Mini-Breakoutkabel mit Einzelfasersteckern wie beispielsweise dem SC/APC
- Module mit integrierter Spleißkassette und Pigtails zum Anschluss von Bündeladerkabeln
- Fanout-Module (sog. MPO-Kassetten) mit 12 oder 24 Fasern mit MPO-Anschluss auf der Rückseite und Anschlüsse für Einzelfaserstecker wie beispielsweise dem SC/APC vorn; die Kassetten enthalten werksseitig konfektionierte MPO- und Einzelfaserstecker, die über kurze Glasfasern im Modul miteinander verbunden sind
- Splitter in Kassettenform

Bild 4.21:   Beispiele für modulare Verteilfelder.
(Produktfotos: © Copyright CommScope 2017).

Bild 4.22:   Beispiele für Einschubmodule für modulare Verteilfelder.
Von links nach rechts:
- Frontplatte mit Durchführungskupplungen
- Modul mit Kupplungen und Pigtails
- Fanout-Modul mit rückseitigem MPO-Anschluss
- Splitter als Einschubmodul.
(Produktfotos: © Copyright CommScope 2017).

Glasfaser-Anschlussdosen

Die Glasfasern, die zu den Arbeitsplätzen oder in die Räume führen, enden in einem Stecker. Grundsätzlich kann dieser direkt in das ONT am Arbeitsplatz eingesteckt werden. Da ONTs jedoch meist freistehende Geräte sind, enden die verlegten Kabel in der Praxis typischerweise in Anschlussdosen, an die die ONTs mit Glasfaser-Patchkabeln angeschlossen werden. Oft werden auch nicht alle Fasern gleich nach der Installation benötigt. In der Dose sind sie weitgehend vor Beschädigungen und Verschmutzung geschützt. Dosen mit vorkonfektioniertem Kabel auf einer kleinen Trommel können recht praktisch sein, da dann vor Ort keine Stecker montiert werden müssen. Es wird lediglich das Kabel abgespult und bis zum nächsten Anschlusspunkt, beispielsweise einem Fiber Distribution Hub oder einem Fiber Distribution Terminal, verlegt. Da POL an den aktiven Netzwerkkomponenten typischerweise SC/APC-Stecker verwendet, werden auch meist Dosen mit SC/APC-Kupplungen eingesetzt. Durch ihre normgerechte grüne Farbe sind sie auf den ersten Blick von den herkömmlichen Singlemode-SC-Kupplungen in blau zu unterscheiden. Die einheitliche Steckertechnik vereinfacht Betrieb und Verwaltung des Netzes.

Bild 4.23: Beispiele für Glasfaser-Anschlussdosen mit SC/APC-Kupplung; auf der integrierten Spule der rechten Dose ist ein vorkonfektioniertes Glasfaserkabel aufgewickelt. (Produktfotos: © Copyright CommScope 2017).

Patchkabel

Glasfaser-Patchkabel werden bei POL-Netzen hauptsächlich im zentralen Verteilerschrank zur Verbindung der Anschlüsse am OLT mit den Glasfaser-Verteilfeldern verwendet. Meist werden auch die ONTs nicht direkt an das Verlegekabel, sondern ebenfalls mit Patchkabeln an Anschlussdosen in der Nähe des Arbeitsplatzes angeschlossen. Im Gegensatz zur strukturierten Verkabelung und zu FTTO-Netzen verwendet POL Singlemode-Patchkabel mit nur einer Faser. Als Stecker

sind meist SC/APC (Schrägschliff), SC UPC (Geradschliff mit besonders guter Politur) und LC/APC im Einsatz. Bei Schrägschliffsteckern
ist darauf zu achten, dass nur Stecker mit demselben Schliffwinkel
(meist 8°) miteinander verbunden werden, um Probleme in der Datenübertragung zu vermeiden.

Bild 4.24: Beispiele für einfaserige Singlemode-Patchkabel für POL
mit SC/APC-Steckern an beiden Enden (links)
und SC/APC an einem und SC UPC am anderen Ende (rechts).
(Produktfotos: © Copyright CommScope 2017).

Einige Hersteller unterscheiden bei Patchkabeln zwischen Rangierkabeln und Adapterkabeln. Bei einem **Rangierkabel** sind an beiden
Enden Stecker desselben Typs angebracht, bei einem **Adapterkabel**
sind die Stecker unterschiedlich. Kabel mit unterschiedlichen Steckern
sind recht praktisch, um Komponenten mit verschiedenen Anschlüssen miteinander zu verbinden, beispielsweise SC/APC und SC UPC
oder SC/APC und LC/APC.

4.3.2 Aktive Komponenten

Optical Line Terminal (OLT)

Passive Optical LAN hat seinen Ursprung in den Weitverkehrsnetzen (WAN) und verwendet die dort übliche Technologie auch für die aktiven Netzwerkkomponenten im Gebäude. Im Gegensatz zur strukturierten Verkabelung und zu FTTO-Netzen verwendet POL in den zentralen Verteilern keine Ethernet-Switches, sondern **Optical Line Terminals** (**OLTs**). Ethernet-Switches können an die Ethernet-Ports eines OLTs angeschlossen werden, genauso wie Router und Server.

Bild 4.25:   Beispiele für Optical Line Terminals (OLTs).
(Produktfotos: Huawei).

Optical Network Terminal (ONT)

Endgeräte werden an **Optical Network Terminals** (**ONTs**) ange-schlossen. ONTs besitzen typischerweise zwei oder vier RJ45-Ethernet-Anschlüsse für Endgeräte und einen oder zwei Glasfaser-Uplink-Ports zur Verbindung mit dem OLT über das passive optische Netz. ONTs sind meist als kleine Geräte ausgeführt, die auf einen Tisch gestellt oder unter der Tischplatte montiert werden können. Bei ONTs für die Unterputz-Montage oder den Kanaleinbau ist darauf zu achten, dass sie in die vorgesehene Geräteeinbaudose passen, beson-ders, wenn die ONTs in einem Land gefertigt werden, in dem andere Einbaumaße üblich sind.

ONTs gibt es auch mit Power over Ethernet für die Stromversorgung von Endgeräten über die Datenleitung. Modelle, die zusätzliche Tele-fon- oder TV-Anschlüsse besitzen oder mit denen ein Funknetz (Wire-less LAN, WLAN) aufgebaut werden kann, gibt es ebenfalls. In der Praxis wird ein ONT auch als **ONU** (**Optical Network Unit**) bezeich-net, doch wird diese Bezeichnung ebenfalls als Sammelbegriff für ak-tive Netzwerkkomponenten in Passive Optical LANs gebraucht.

Bild 4.26: Verschiedene Beispiele für Optical Network Terminals (ONTs).
(Produktfotos: Huawei).

Für Bereiche, in denen viele Endgeräte-Anschlüsse benötigt werden wie beispielsweise in Besprechungs- und Schulungsräumgen, stehen ONTs mit deutlich mehr RJ45-Anschlüssen zur Verfügung. Von außen sehen solche ONTs mit acht oder vierundzwanzig RJ45-Anschlüssen aus wie Ethernet-Switches. Diese **Multiport-ONTs** (andere Bezeichnung: **Workgroup ONUs**) können auch verwendet werden, um eine bestehende strukturierte Verkabelung mit Kupferdatenleitung in ein passives optisches Netz zu integrieren. Entscheidet sich ein Unternehmen oder eine Behörde beispielsweise für eine POL-Verkabelung, möchte aber eine vorhandene Kupferverkabelung in den Bereichen, in denen sie noch völlig ausreicht, weiter nutzen, dann genügt es in vielen Fällen, die Ethernet-Switches durch Multiport-ONTs für den 19"-Einbau zu ersetzen und diese dann mit einer Singlemode-Faser anzubinden. Noch wirtschaftlicher ist die Integration vorhandener Ethernet-Switches mit **steckbaren ONTs**. Solche ONTs sehen wie herkömmliche SFP-Module für Ethernet-Anwendungen aus und werden wie diese in den SFP-Slot des Switches gesteckt. Die benötigten POL-Funktionen sind im **SFP-ONT** integriert. Das reibungslose Zusammenspiel von Switch und SFP-ONT sollte allerdings in einem Testaufbau überprüft werden.

Bild 4.27:   Beispiel für ein Multiport-ONT mit 24 RJ45-Anschlüssen für Endgeräte (oben) und für ein SFP-ONT zur Integration von Ethernet-Switches in POL-Netze (unten). (Produktfotos: Huawei).

Zusammenspiel von OLTs und ONTs

Die OLTs managen den Datenverkehr von und zu den ONTs. Ein OLT sendet die Daten von seinem Anschluss über eine Glasfaser zu einem Splitter, an den über weitere Glasfasern mehrere ONTs angeschlossen sind. Man spricht hier von einer **Punkt-zu-Mehrpunkt-Verbindung** (engl. **point to multipoint**). Das funktioniert im Prinzip so, wie wenn ein Redner (OLT) zu mehreren Leuten (ONTs) spricht. Wenn aber nun die Leute mit dem Redner sprechen möchten, müssen sie nacheinander und nicht gleichzeitig reden, wenn man etwas verstehen möchte.

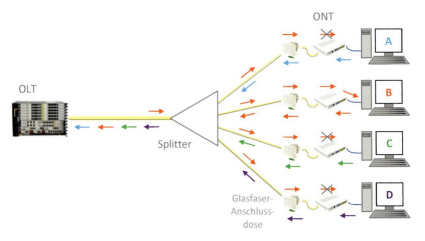

Bild 4.28: Beispiel für das Senden und Empfangen von Daten im Passive Optical LAN (vereinfacht): Die ONTs empfangen die Daten aller an einen OLT-Port angeschlossenen ONTs, leiten aber nur die weiter, die für die jeweils angeschlossenen Endgeräte bestimmt sind. ONTs senden zeitversetzt, um Kollisionen der Datenströme zum OLT zu verhindern.
(Produktfotos: © Copyright CommScope 2017, Huawei).

Die Glasfasern, an die die ONTs angeschlossen sind, sind im Splitter mit einer einzigen Faser verbunden, die zum OLT führt. Würden mehrere ONTs gleichzeitig senden, würden die Datenströme miteinander kollidieren, wenn sie im Splitter auf die eine Faser zum OLT laufen. ONTs arbeiten daher im so genannten **Zeitmultiplex-Verfahren** (engl. **time domain multiple access**, kurz **TDMA**). Sie halten beim Senden eine vom OLT vorgegebene Reihenfolge ein. Dadurch ist sichergestellt, dass die ONTs nacheinander statt gleichzeitig senden.

Jedes ONT empfängt alle Daten, die der OLT-Port, mit dem es verbunden ist, sendet – auch die, die für andere Endgeräte und ONTs, die mit demselben OLT-Port verbunden sind, bestimmt sind. Befinden sich ein oder mehrere Splitter im Übertragungsweg, kann der OLT-Port viele Endgeräte versorgen. Die ONTs prüfen daher die vom OLT empfangenen Daten und leiten nur die weiter, die für die an dieses ONT angeschlossenen Endgeräte bestimmt sind. Daten für die Endgeräte an anderen ONTs werden gelöscht.

4.4 Redundanzkonzepte

Mit POL lassen sich sehr einfach redundante Netze aufbauen, die neben der hohen Zuverlässigkeit passiver optischer Netze noch eine erhöhte Ausfallsicherheit besitzen.

So bieten Splitter mit zwei Eingängen durch redundante Uplinks einen großen Schutz vor Ausfällen. Fällt eine Verbindung vom OLT zum Splitter aus, sind alle mit dem Splitter angeschlossenen ONTs und die daran angeschlossenen Endgeräte über die zweite Faser weiterhin mit dem OLT verbunden. Splitter mit zwei Eingängen können auch mit zwei verschiedenen OLTs verbunden werden. Dieses **Dual Homing** erhöht die Ausfallsicherheit weiter. Um die Ausfallsicherheit noch weiter zu steigern, können die Glasfaserkabel von den OLTs zum Splitter auf verschiedenen Wegen geführt werden.

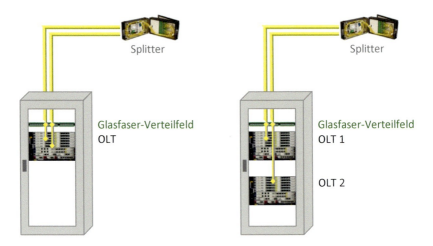

Bild 4.29: Einsatzbeispiel für Splitter mit zwei Eingängen für erhöhte Ausfallsicherheit durch Redundanz (links). Für noch höhere Ausfallsicherheit können die beiden Splitter-Eingänge mit verschiedenen OLTs verbunden werden (Dual Homing, rechts). (Produktfotos: © Copyright CommScope 2017, Huawei).

ONTs gibt es auch mit zwei Glasfaser-Anschlüssen. Fällt eine Verbindung aus, ist das ONT (und damit die daran angeschlossenen Endgeräte) weiterhin mit dem Netzwerk verbunden. Dabei müssen pro ONT allerdings zwei statt nur einer Glasfaser verlegt werden, was bei Planung und Installation zu berücksichtigen ist. ONTs mit zwei Glasfaser-Anschlüssen können mit zwei verschiedenen Splittern verbunden werden, was die Ausfallsicherheit weiter erhöht. Besitzen die Splitter wiederum zwei Glasfaser-Eingänge und sind sie über zwei verschiedene Kabel über verschiedene Leitungswege mit zwei verschiedenen OLTs verbunden, erhält man ein Netz mit einer außerordentlich hohen Redundanz und Ausfallsicherheit. In vielen Projekten werden nicht nur aus Redundanzgründen zwei statt nur einer Faser zum ONT verlegt. Mit zwei Fasern hält sich der Anwender die Möglichkeit offen, ein weiteres ONT oder ein Ethernet-Gerät, das zwei Fasern benötigt, an das Glasfasernetz anzuschließen.

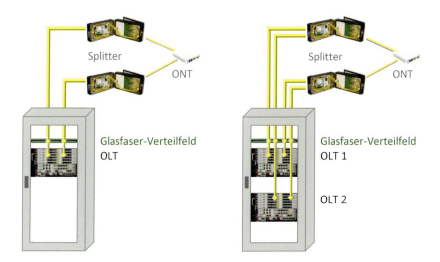

Bild 4.30: Einsatzbeispiel für ein ONT mit zwei Glasfaseranschlüssen für erhöhte Ausfallsicherheit durch Redundanz.
Die Glasfaser-Anschlussdosen, an die die ONTs typischerweise angeschlossen werden, wurden in diesem Bild zur besseren Übersicht weggelassen.
(Produktfotos: © Copyright CommScope 2017, Huawei).

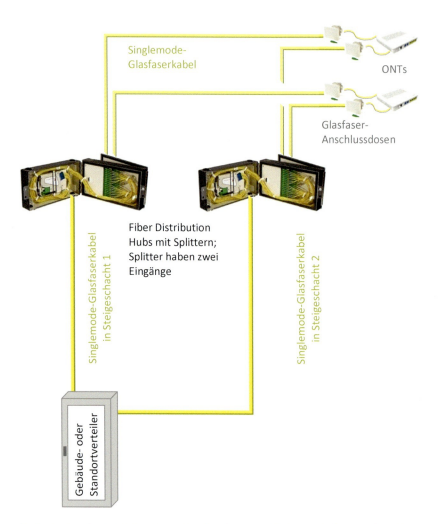

Bild 4.31:   Beispiel für ein hochredundantes POL-Netz: Splitter und ONTs besitzen jeweils zwei Uplink-Anschlüsse, über die sie mit verschiedenen Komponenten im Netz verbunden sind. Die Kabel werden auf unterschiedlichen Wegen geführt (sog. Zweiwegeführung), was die Ausfallsicherheit noch weiter erhöht. (Produktfotos: © Copyright CommScope 2017, Huawei).

4.5 Wichtige Normen

WICHTIG: Normen werden laufend aktualisiert. Auf das Erscheinungsdatum wurde in dieser Liste daher bewusst verzichtet. Bitte immer die aktuell gültige Fassung verwenden.

Zu den wichtigsten Normen für die POL-Netze zählen:

DIN EN 50173 Informationstechnik – Anwendungsneutrale Kommunikationskabelanlagen
Teil 1: Allgemeine Anforderungen
Teil 2: Bürobereiche
Teil 3: Industriell genutzte Bereiche
Teil 6: Verteilte Gebäudedienste

DIN EN 50174 Informationstechnik – Installation von Kommunikationsverkabelung
Teil 1: Installationsspezifikation und Qualitätssicherung
Teil 2: Installationsplanung und Installationspraktiken in Gebäuden
Teil 3: Installationsplanung und Installationspraktiken im Freien

DIN EN 50346 Informationstechnik – Installation von Kommunikationsverkabelung – Prüfen installierter Verkabelung

ISO/IEC 11801 Information technology – Generic cabling for customer premises
Internationale Norm; die Festlegungen der ISO/IEC 11801 und der DIN EN 50173 entsprechen sich weitestgehend

ANSI/TIA-568
US-amerikanische Normenreihe zur Verkabelung und Komponenten, enthält zum Teil andere Vorgaben als ISO/IEC 11801 und DIN EN 50173.

Die nachfolgenden Normen enthalten neben allgemeinen und übertragungstechnischen Festlegungen auch Informationen zur Verkabelung:

ITU-T G.671 Transmission characteristics of optical components and subsystems

ITU-T G.984 Gigabit-capable passive optical networks (GPON)
G.984.1: General characteristics
G.984.2: Physical media dependent (PMD) layer specification
G.984.6: Reach extension
G.984.7: Long reach

ITU-T G.987 10-Gigabit-capable passive optical network (XG-PON) systems
G.987: Definitions, abbreviations and acronyms
G.987.1: General requirements
G.987.2: Physical media dependent (PMD) layer specification
G.987.4: Reach extension

ITU-T G.989 40-Gigabit-capable passive optical networks (NG-PON2)
G.989: Definitions, abbreviations and acronyms
G.989.1: General requirements
G.989.2: Physical media dependent (PMD) layer specification

IEEE Standard for Ethernet 802.3
Norm für Ethernet inklusive Power over Ethernet.

IEEE 802.3ca „Next Generation EPON"
spezifiziert Ethernet Passive Optical Networks mit Datenraten von 25 und 50 Gbit/s.

4.6 Besonderheiten/Beachten

Die auffälligsten Besonderheiten von POL-Netzen sind:

- Es wird prinzipiell nur eine einzige Glasfaser zum Anschluss eines ONTs benötigt.
- Es werden Singlemode-Glasfasern bis zum Anwender verlegt.
- Es werden hauptsächlich Schrägschliff-Stecker (APC) verwendet.
- Ankommende Glasfasern werden mit passiven Splittern auf mehrere abgehende Glasfasern aufgeteilt.

Im Gegensatz dazu werden sowohl bei der strukturierten Verkabelung als auch bei FTTO zwei durchgehende Glasfasern für einen Anschluss verwendet, die nirgendwo auf mehrere andere Fasern aufgeteilt werden. Damit ist eine Migration von einer klassischen POL-Verkabelung mit Splittern und nur einer Singlemode-Faser pro Anschluss zu einem Standard-Ethernet-Netzwerk mit zwei Fasern pro Anschluss ausgeschlossen. Um sich die Möglichkeit offenzuhalten, die Verkabelung zu einem späteren Zeitpunkt auch für Ethernet-Geräte oder FTTO-Micro-Switches nutzen zu können, lassen manche POL-Anwender zwei Fasern pro ONT-Anschluss verlegen und die Splitter im Hauptverteiler installieren. So erhalten sie zwei durchgehende Singlemode-Fasern zu jedem Anschluss. Auch bei diesem Konzept können vorkonfektionierte Kabel und Fiber Distribution Hubs auf der Etage verwendet werden. Wichtig ist, dass zwei Fasern durchgehend pro Anschluss zur Verfügung stehen. Sollten Ethernet-Geräte oder Micro-Switches angeschlossen werden, so ist darauf zu achten, dass die Komponenten Anschlüsse für Schrägschliff-Stecker besitzen. Falls nicht, können sie in vielen Fällen über Adapterkabel mit Schrägschliff-Steckern am einen und Geradschliff-Steckern am anderen Ende mit dem Netzwerk verbunden werden.

Wichtig: Nie Geradschliff- und Schrägschliff-Stecker in derselben Kupplung zusammenstecken. Bestenfalls funktioniert die Übertragung nicht, schlimmstenfalls werden die Stecker beschädigt. Um Verwechslungen zu vermeiden, schreibt die DIN EN 50173-1:2018-10 bei gerade geschliffenen Singlemodesteckern (PC) die Farbe Blau für Steckergehäuse und Kupplung vor, bei schräg geschliffenen (APC) die Farbe Grün.

Die typische maximale Leitungslänge bei POL-Netzen wird oft mit 20 km angegeben, sie ist jedoch abhängig von Art und Anzahl der Splitter und kann dadurch je nach Installation kürzer oder länger sein. Jeder Splitter teilt das ankommende Datensignal auf die abgehenden Fasern auf, und dabei wird auch dessen Leistung aufgeteilt. Vereinfacht gesagt hat ein Datenstrom, der gerade einen Splitter mit einem Teilungsverhältnis von 1:32 durchlaufen hat, nur noch 1/32 der Leistung. Dasselbe gilt, wenn ein Signal mehrere nacheinander geschaltete (kaskadierte) Splitter durchläuft. Würden beispielsweise zwei 1:32-Splitter kaskadiert, hätte das Signal danach nur noch 1/1024 der ursprünglichen Leistung (1/32 von 1/32). Dazu kommen noch die Dämpfungsverluste der verlegten Faser, der Steckverbindungen und – soweit vorhanden – der Spleiße.

Kurz gesagt: Je mehr Splitter und je höher deren Teilungsverhältnis, desto schwächer wird das Datensignal und desto kürzer die maximale Leitungslänge. Die Summe der Signalverluste („Dämpfung" in der Sprache der Nachrichtentechniker) aller Komponenten in einem Link wie beispielsweise Splitter, Stecker, Spleiße, Faser im Verlegekabel, Patchkabel, etc. muss kleiner sein als der erlaubte Signalverlust („Dämpfungsbudget"), der durch die Signalstärke des Senders und der Empfindlichkeit es Empfängers bestimmt wird.

Für einen groben Überschlag hat sich folgende Überlegung in der Praxis bereits bewährt (abhängig vom jeweiligen Projekt, daher ohne Gewähr!):

1. Signalstärke des Senders minus mindestens benötigte Signalstärke am Empfänger ergibt das zulässige Dämpfungsbudget. *(Hier gibt es in der Praxis bereits die ersten Abweichungen, denn manche Sender können die Signalstärke anpassen. Am besten, man erfrägt das zulässige Dämpfungsbudget beim Hersteller der aktiven Netzwerkkomponenten.)*

2. Zulässiges Dämpfungsbudget
    minus Dämpfung für alle Spleiße
    minus Dämpfung für alle Pigtails
    minus Dämpfung für alle Patchkabel
    minus Dämpfung für alle Stecker, soweit nicht bereits bei
       Patchkabeln und Pigtails enthalten
    minus Dämpfung für alle Splitter
    minus Dämpfung für alle eventuell sonst noch vorhandenen
       Komponenten in der Übertragungsstrecke außer dem
       Verlegekabel
    minus Reserve (z. B. mind. 3 dB)
    ergibt die zulässige Dämpfung für das Verlegekabel.

3. Der Kabelhersteller gibt die Dämpfung der Faser pro Kilo-
    meter an. Die maximale Kabellänge ergibt sich dann aus der
    berechneten zulässigen Dämpfung für das Verlegekabel ge-
    teilt durch die Dämpfung der Faser pro Kilometer.

    Dabei ist zu berücksichtigen, dass sämtliche Dämpfungswerte
    von der Wellenlänge des zu übertragenden Lichts abhängen.
    Außerdem sollte eine Reserve für künftige Änderungen,
    Mess-Ungenauigkeiten, Alterung der Komponenten und Ver-
    schmutzung der Stecker sowie die Verlegung eingeplant wer-
    den. In der Praxis wird oftmals eine Reserve von mindestens
    3 dB vorgesehen. Eine Garantie, dass dann alles funktioniert,
    gibt es jedoch nicht. Es ist daher mehr als empfehlenswert, die
    geplante Verkabelung mit dem Hersteller der aktiven Netz-
    werkkomponenten abzustimmen und vor der Installation aus-
    giebig zu testen.

Bei POL wird auch die Datenrate des OLT-Ports auf die angeschlossenen Endgeräte aufgeteilt, und zwar sowohl durch die Splitter als auch
durch die ONTs, was bei der Netzwerkplanung entsprechend zu berücksichtigen ist. Außerdem stellen OLT-Ports oft unterschiedliche
Datenraten für **Downstream** (vom OLT zum Endgerät, entspricht dem
Downlink der IP-Netze) und **Upstream** (vom Endgeräte zum OLT,
entspricht dem Uplink) zur Verfügung. Auch dies ist bei der Planung
zu berücksichtigen.

Ein Beispiel: Ein OLT-Port stellt 2,488 Gbit/s im Downstream und 1,244 Gbit/s im Upstream zur Verfügung. Im Leitungsweg zum ONT mit vier RJ45-Anschlüssen ist ein 1:32-Splitter vorhanden. Die Downstream-Datenrate, die dem Anwender durchschnittlich zur Verfügung steht, beträgt:

2,488 Gbit/s : 32 = 77,75 Mbit/s für das ONT
77,75 Mbit/s : 4 = 19,44 Mbit/s pro Endgerät (gerundet).

Für den Upstream ergibt sich rein rechnerisch 9,72 Mbit/s (gerundet). Dies gilt jedoch nur, wenn alle Endgeräteanschlüsse des ONTs belegt sind und auch alle Endgeräte gleichzeitig empfangen oder senden. In der Praxis sind meist weniger Endgeräte angeschlossen und sie senden und empfangen auch nur gelegentlich Daten, so dass die Datenrate, die jedem Endgerät tatsächlich zur Verfügung steht, in der Praxis meist deutlich höher ausfällt.

Der wahre Engpass in einem Datennetz ist in vielen Fällen nicht die Verbindung zum Endgerät, sondern die Verbindung zum Server. Die Daten von und zu allen Endgeräten, die gerade mit dem Server Daten austauschen, werden über den Anschluss oder die Anschlüsse des Servers übertragen. Auch dies ist bei der Netzwerkplanung entsprechend zu berücksichtigen.

An OLT und ONT können Geräte wie gewohnt über Ethernet angeschlossen werden. Der Anwender kann seine Endgeräte einfach am ONT einstecken, der Administrator seine Server, Switches und Router an den Ethernet-Ports des OLT. OLT und ONT verständigen sich je nach Gerätetyp nicht per Ethernet, sondern über ein PON-Protokoll. PON – das Passive Optical Network – ist eine Technik des Weitverkehrsnetzes (engl. wide area network, kurz: WAN), des Netzes also, das Städte und Länder miteinander verbindet. POL ist als Passive Optical LAN prinzipiell ein PON innerhalb eines Gebäudes. Da die ONTs vom OLT gemanagt werden und der OLT über Ethernet-Anschlüsse verfügt, kann der Netzwerk-Administrator mit einem PC und der geeigneten Software das POL verwalten.

Die Messtechnik für POL gestaltet sich meist aufwendiger als bei der strukturierten Verkabelung und bei FTTO, deren Verkabelung auf Punkt-zu-Punkt-Verbindungen beruht. Dort kann eine Übertragungs-strecke recht einfach von beiden Seiten gemessen werden. Durch die Splitter entstehen bei POL Punkt-zu-Mehrpunkt-Verbindungen. Von ONT zum OLT zu messen ist recht einfach, in Gegenrichtung ist es besonders bei Längenmessungen durch die Splitter schwer, denn die Kabel vom Splitter zu den Anwendern können unterschiedlich lang sein. Ist das Netz erst in Betrieb, können Messungen vom OLT zum ONT die Datenübertragung zu den anderen Anwendern stören. Mes-sungen in POL-Verkabelungen sind etwas für Spezialisten.

Die Stärke von POL-Netzen liegt in ihren großen Leitungslängen und der geringen Faserzahl, die installiert werden muss. POL-Netze wer-den in der Praxis daher gerne in weitläufigen Anlagen und großen Ge-bäudekomplexen eingesetzt, in denen wenig Platz für die Verkabelung vorhanden ist oder in denen der laufende Betrieb bei Nachrüstungen möglichst wenig beeinträchtigt werden soll. Beispiele für POL-Instal-lationen sind Universitäten, Bibliotheken, Krankenhäuser, Hotels, Ferienanlagen und militärische Einrichtungen.

5 Vergleich der drei Infrastrukturtypen

Gleich vorweg: Es gibt keine Ideallösung. Jeder Infrastrukturtyp hat seine eigenen Stärken, die je nach den Anforderungen, die man an das Netzwerk stellt, mehr oder weniger ins Gewicht fallen.

In kleineren Netzen überwiegt die klassische **strukturierte Verkabelung** mit Kupferdatenleitungen. Sie sind einfach zu verlegen und anzuschließen, und die einfachen Werkzeuge, die man dafür benötigt, sind bei den Installationsbetrieben meist vorhanden. Mit Kupferleitungen ist die Fernspeisung von Endgeräten über die Datenleitung mit Power over Ethernet sehr einfach möglich. Wo Anschlussdosen und Patchkabel unerwünscht sind, können die Endgeräte mit feldkonfektionierbaren Steckern direkt an das Verlegekabel angeschlossen werden. In Netzen mit vielen WLAN Access Points, IP-Kameras und Eingabegeräten (Zeiterfassungsterminals, Scanner, ...) ist das ein großer Vorteil. DIN EN 50173-6:2018-10 sieht in solchen Fällen zwar einen Dienstekonzentrationspunkt (= Sammelpunkt) in der Nähe des Endgeräts vor, auf den in der Praxis jedoch häufig verzichtet wird.

Kupferleitungen benötigen sehr viel mehr Platz als Glasfaserleitungen, was sich besonders in großen Netzen bemerkbar macht. Neben großen Kabelwegen, Mauerwerksdurchbrüchen, Brandschottungen und einer höheren Brandlast muss auch das Gewicht der Kupferkabel berücksichtigt werden. In Bürotürmen mit vielen Etagen muss schon mal ein Statiker hinzugezogen werden. Kupfer-Verlegekabel sollten nach Norm eine Länge von 90 m nicht überschreiten. Je nach Stockwerksfläche werden dadurch mehrere Etagenverteiler benötigt, die meist eigene Technikräume mit Klimaanlage, unterbrechungsfreier Stromversorgung und Sicherheitstechnik erfordern. Bei geschirmten Verkabelungen werden etagenübergreifend meist Glasfaserleitungen verwendet, um Probleme mit dem Potenzialausgleich zu vermeiden. Das Netz enthält damit zwei Verkabelungsmedien, für die jeweils eigene Komponenten wie Patchfelder und Patchkabel und entsprechende Anschlüsse an den aktiven Netzwerkkomponenten vorzusehen sind.

In großen Netzen werden zunehmend Infrastrukturen mit **Fiber To The Office (FTTO)** installiert. Durch die großen Leitungslängen (typisch sind bis zu 550 m mit Multimode- und bis zu 10 km mit Singlemodefasern) wird nur ein Verteiler pro Gebäude oder gar pro Standort benötigt. Etagenverteiler und die zugehörigen Technikräume werden nicht benötigt. Glasfaserleitungen sind sehr viel dünner als Kupferleitungen, und damit fallen auch Kabelbündel, Kabelwege, Brandschottungen und Brandlasten deutlich kleiner aus. Durch den metallfreien Aufbau der gängigen Kabeltypen gibt es auch keine Probleme mit dem Potenzialausgleich bei etagenübergreifender Verkabelung. Bei einer großen Anzahl von Anwendern kann ein FTTO-Netz deutlich kostengünstiger als ein Netz mit strukturierter Verkabelung sein, sowohl in der Errichtung. als auch beim Betrieb des Netzes. Apps – kleine Softwarebausteine, wie man sie von Smartphones und Tablets kennt – bieten auf den Micro-Switches zusätzliche Funktionen, beispielsweise für die Steuerung der Gebäudetechnik, so dass sich die Mitarbeiter ihren Arbeitsplatz ihren persönlichen Bedürfnissen anpassen können. Apps können mit dem Konzept des digitalen Gebäudes (Smart Office) für ein effizientes, besonders wirtschaftliches Gebäudemanagement sorgen, mit deutlich niedrigen Betriebskosten bei höherem Komfort und Sicherheit.

Für den Anschluss eines Micro-Switches wird neben dem Datentechniker meist auch ein Elektrotechniker benötigt, um den Switch anzuschließen. Außerdem scheuen manche Fachbetriebe vor der Installation einer Glasfaserverkabelung zurück, weil sie nicht über das nötige Wissen, Erfahrung und Ausrüstung verfügen. Dem kann durch vorkonfektionierte Glasfaserleitungen begegnet werden.

In ausgedehnten Liegenschaften und wo Nachrüstungen schwierig sind, kann ein **Passive Optical LAN (POL)** eine technisch und wirtschaftlich interessante Alternative sein. Durch die enormen Leitungslängen, die abhängig von den installierten Komponenten 20 km und mehr betragen können, ist auch an Standorten mit mehreren Gebäuden, in sehr großen Gebäudekomplexen und weitläufigen Arealen meist nur ein einziger Verteiler notwendig. Etagenverteiler und die zugehörigen Technikräume werden nicht benötigt. Am Arbeitsplatz wird ein Optical Network Terminal (ONT) installiert, das an eine Glasfaser-

Anschlussdose angeschlossen wird. Pro ONT genügt eine einzige Singlemodefaser In denkmalgeschützten Gebäuden und überall dort, wo äußerst wenig Platz für die Verkabelung vorhanden ist und wo der laufende Betrieb durch die Installation des Datennetzes nicht beeinträchtigt werden darf, kann POL seine Vorteile voll ausspielen. Die eine Glasfaser, die für den Anschluss eines ONTs benötigt wird, kann man oft sehr einfach hinter der Sockelleiste oder unter der Tapete verlegen und verbergen. Die Glasfaserleitungen, die für POL-Netze verwendet werden, sind nicht nur sehr viel dünner als Kupferleitungen, sondern durch die Verwendung von Splittern, die die ankommende Faser auf mehrere Teilnehmer aufteilen, werden auch weniger Fasern als in FTTO-Netzen benötigt. Kabelbündel, Kabelwege, Brandschottungen und Brandlasten sind meist sehr klein. Wie bei FTTO gibt es bei POL durch den metallfreien Aufbau der gängigen Kabeltypen auch keine Probleme mit dem Potenzialausgleich bei etagenübergreifender wie auch bei gebäudeübergreifender Verkabelung.

Die ONTs, die am Arbeitsplatz installiert werden, sind meist kleine, eigenständige Geräte; die wenigen Ausführungen für die Installation unter Putz passen zur Zeit der Manuskripterstellung meist nicht in die in Deutschland üblichen Einbaudosen für Kabelkanäle, Bodentanks oder die Unter-Putz-Montage. Je nach Hersteller wird zwischen den aktiven Netzwerkkomponenten OLT und ONT kein Ethernet-Protokoll übertragen, was zusätzliche Schulungen für den Netzwerkadministrator erforderlich macht. Die Endgeräte teilen sich die Datenrate des OLT-Ports, an den sie über Splitter angeschlossen sind, was bei der Netzwerkplanung zu berücksichtigen ist. Da POL Splitter und nur eine Faser zum ONT verwendet, ist bei einem eventuellen Wechsel zu einem reinen Ethernet oft eine komplette Neuverkabelung nötig. Verkabelt man bei POL mit zwei durchgehenden Fasern zum Arbeitsplatz, verschenkt man viele Vorteile des POL-Netzes. Wie bei FTTO scheuen auch bei POL manche Fachbetriebe vor der Installation einer Glasfaserverkabelung zurück, besonders, da bei POL Splitter als zusätzliche Komponenten eingesetzt werden, die in den andern Datennetztypen nicht benötigt werden. Vorkonfektionierte Glasfaserkomponenten, die nur zusammengesteckt werden, erleichtern Planung und Installation beträchtlich.

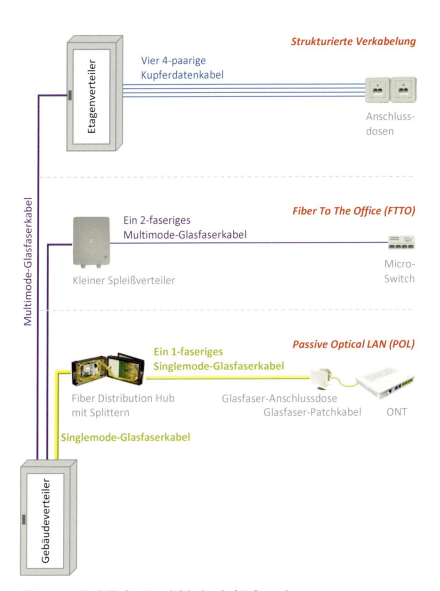

Bild 5.1: Beispielhafter Vergleich der drei Infrastrukturtypen
für vier Netzwerk-Anschlüsse (vereinfacht).
(Produktfotos: Telegärtner, MICROSENS, Huawei,
© Copyright CommScope 2017).

	Strukturierte Verkabelung	Fiber To The Office (FTTO)	Passive Optical LAN (POL)
Etagenverkabelung zum Arbeitsplatz (Tertiärbereich, Horizontalbereich)	Kupferdatenleitungen, typ. Kat. 6 A bis 7 A, eine Leitung pro Anschluss	Multimode-Glasfasern, typ. OM3 bis OM5 (optional auch Singlemode), durchgehend im Gebäude, zwei Fasern pro Micro-Switch	Standard-Singlemode-Glasfasern, typ. OS2, durchgehend am Standort, eine Faser pro ONT
Stockwerksübergreifende Verkabelung innerhalb eines Gebäudes (Sekundärbereich, Steigebereich)	meist Multimode-Glasfasern		
Verkabelung zwischen den Gebäuden (Primärbereich)	meist Singlemode-Glasfasern	meist Singlemode-Glasfasern	
Etagenverteiler	ja	nein, ggf. kleiner Spleißverteiler	nein, ggf. Fiber Distribution Hub
Gebäudeverteiler	ja	ja, bei Standorten mit mehreren Gebäuden ggf. nur Spleißverteiler	ja, bei Standorten mit mehreren Gebäuden ggf. nur Fiber Distribution Hub
Standortverteiler	ja	ja	ja
Verkabelungsstruktur	hierarchischer Stern	Stern	Baum
Vorkonfektionierte Verkabelung	selten, meist nur bei Glasfaserkabeln	zunehmend	häufig
Typischer Glasfaserstecker	LC Duplex	SC Duplex, LC Duplex	SC/APC
Typischer Anschluss am Arbeitsplatz	Doppeldose mit zwei RJ45-Anschlüssen	Micro-Switch mit vier RJ45-Anschlüssen	Optical Network Terminal (ONT) mit vier RJ45-Anschlüssen
Fernspeisung (PoE/PoE+)	ja	ja (durch Micro-Switch)	ja (durch ONT)
Typische Leitungslänge vom Verteiler zum Arbeitsplatz	bis zu 90 m	bis zu 550 m bei 1 Gbit/s und 400 m bei 10 Gbit/s (mit Singlemode-Glasfasern bis zu 10 km)	bis zu 20 km, abhängig von Anzahl und Teilungsverhältnis der Splitter im Link
Benötigter Platz für Kabelbündel	groß	klein	sehr klein

Fortsetzung der Tabelle auf der Folgeseite

	Strukturierte Verkabelung	Fiber To The Office (FTTO)	Passive Optical LAN (POL)
Typische Datenrate pro Anschluss am Arbeitsplatz	meist 100 Mbit/s oder 1 Gbit/s; mit Verkabelungen der Klasse E_A auch 10 Gbit/s möglich	durchschnittlich 250 Mbit/s oder 2,5 Gbit/s (bei 4-Port Micro-Switch mit Gigabit- oder. 10 Gigabit-Uplink)	durchschnittlich 19 Mbit/s Downstream und 9 Mbit/s Upstream (bei 2,488 Gbit/s OLT-Port, 1:32 Splitter und 4-Port ONT)
Redundanz am Arbeitsplatz (beispielsweise)	Buchsen in den Anschlussdosen mit verschiedenen Switches im Etagenverteiler verbunden	Micro-Switches mit zwei Uplink-Ports untereinander oder mit verschiedenen Switches im Gebäudeverteiler verbunden	Dual-Port-Splitter mit verschiedenen OLTs verbunden, ONTs mit zwei Uplinks mit verschiedenen Splittern/OLTs verbunden
Aktive Netzwerkkomponente am Arbeitsplatz	keine	Micro-Switch	Optical Network Terminal (ONT)
im Etagenverteiler	Edge-Switch	keine	keine, nur passive Splitter
im Gebäudeverteiler	Aggregation-Switch	Aggregation-Switch	Optical Line Terminal (OLT); bei Standorten mit mehreren Gebäuden nur passive Splitter
im Standortverteiler	Core-Switch	Core-Switch	Optical Line Terminal (OLT)

Tabelle 5.1: Typische Eckwerte der drei Infrastrukturtypen im Vergleich

Beispiele aus der Praxis

Ein mittelständisches Unternehmen entschied sich in seinem Neubau mit drei Stockwerken für die klassische **strukturierte Verkabelung** mit Kupferdatenleitungen, da neben PCs und Druckern auch möglichst viele Systeme der Gebäudetechnik einbezogen und über Power over Ethernet mit Strom versorgt werden sollen. WLAN Access Points, IP-Kameras sowie die Terminals der Zeiterfassung, der Zugangskontrolle und für die Essensbestellung und deren Abrechnung besitzen einen IP-

129

Anschluss. Die Geräte der Betriebsdatenerfassung und die Präsenzmelder der Beleuchtungssteuerung verwenden zwar nicht das IP-Pro-
tokoll, nutzen aber die Datenleitungen. Über die Kupferdatenleitungen
können die LED-Leuchten gesteuert und später einmal mit Strom versorgt werden. Viele Geräte wurden mit feldkonfektionierbaren RJ45-
Steckern direkt an das Verlegekabel angeschlossen: In Foyer und
Treppenhaus wären Anschlussdose und Patchkabel neben Access
Point und Zeiterfassungsterminal kein schöner Anblick, bei den IP-
Kameras führen die Leitungen direkt in das Schutzgehäuse, um zu
verhindern, dass Unbefugte das Kabel einfach ausstecken.

Eine große Verwaltung mit landesweit verteilten, großen Gebäuden
entschied sich für **Fiber To The Office (FTTO)**, da so auch in weitläufigen Gebäuden mit mehreren Stockwerken und Gebäudeflügeln
nur ein einziger Verteilerstandort benötigt wurde. In den einzelnen
Stockwerken konnte auf die sonst benötigten Technikräume mit eigenen Switches, Klimatisierung und USV-Anlagen verzichtet werden,
was deutliche Einsparungen sowohl bei der Errichtung als auch beim
Betrieb ermöglicht. Zieht ein Mitarbeiter um, muss der Administrator
lediglich ein Ende eines Glasfaser-Patchkabels aus- und an anderer
Stelle im Verteilfeld wieder einstecken. Nur sehr kleine Liegenschaften mit wenigen Anschlüssen wurden traditionell strukturiert verkabelt.

Der Betreiber eines größeren Hotels wollte seinen Gästen einen leis-
tungsfähigen Internetzugang bieten. Telefon und das künftige Fern-
sehsystem sollten ebenfalls über die Verkabelung laufen. Das Hotel
bestand aus mehreren verschachtelten und denkmalgeschützten Ge-
bäudeteilen, die erst wenige Jahre zuvor renoviert worden waren. Der
Hotelbetrieb durfte nicht schon wieder durch Bauarbeiten beeinträchtigt werden. Ganze Etagen für die Installation zu räumen war ebenfalls
nicht möglich, die Nachrüstung musste raumweise geschehen,
innerhalb eines Tages. Hierfür wurde ein **Passive Optical LAN
(POL)** mit vorkonfektionierten Leitungen ausgearbeitet: Verlegung
der Glasfasern in den Zimmern hinter den Sockelleisten, Montage der
ONTs unter der Tischplatte; vorkonfektionierte Leitungen im Steigebereich, Fiber Distribution Hubs in den Putzräumen. Splitter wurden
im Hauptverteiler und in den Hubs auf der Etage vorgesehen, um ein
möglichst flexibles, zukunftssicheres Netz aufzubauen.

6 Aktuelle Entwicklungen und Trends

6.1 Verkabelung für Wireless LAN

In vielen Gebäuden werden zusätzlich zum kabelgebundenen Datennetz auch Access Points für Wireless LAN installiert. Überall dort, wo häufig wechselnde Nutzer, Gäste und Besucher Zugriff auf das Firmennetzwerk oder das Internet benötigen oder wo sich Personen und Geräte bewegen, ist ein WLAN eine komfortable Sache.

Auch Funknetze wie WLANs benötigen eine Verkabelung. Selbst wenn man die Access Points ebenfalls per Funk untereinander verbinden wollte (was funktioniert), benötigen sie eine Leitung für die Stromversorgung. In der Praxis wird man statt einer Elektroleitung meist eine Datenleitung zum Access Point legen, die sowohl Daten überträgt als auch die Stromversorgung durch Power over Ethernet übernimmt.

In vielen Unternehmen arbeiten immer mehr Anwender mit Wireless-Geräten. Statt weniger Access Points, die mit relativ hoher Sendeleistung große Bereiche abdecken, geht der Trend hier zu vielen Access Points, deren Sendeleistung herunter geregelt wird, so dass viele kleine Funkzellen entstehen. Je mehr Funkzellen es gibt, desto mehr Übertragungskanäle stehen insgesamt zur Verfügung, und desto höher ist (meistens) die Netzwerkperformance.

DIN EN 50173-6:2018-10 sieht eine flächendeckende Verkabelung in der Decke für WLAN Access Points vor. Sie schlägt ein Wabenmuster vor, bei denen ein Anschluss einen Bereich in einem Umkreis von bis zu 12 m versorgt. Statt Waben sind für die Planung auch Gitternetze aus Quadraten oder sich mehr oder weniger überschneide Kreise gebräuchlich.

Leistungsfähige IT-Infrastrukturen

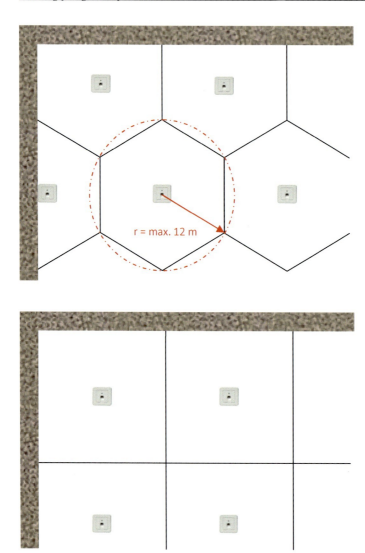

r = max. 12 m

Bild 6.1: Beispiel für die Verteilung von Anschlüssen für WLAN Access Points in Anlehnung an DIN EN 50173-6:2018-10 (oben). Das Wabenmuster dient lediglich als Planungshilfe. Statt Waben können auch Quadrate, Kreise oder andere zweckdienliche Formen verwendet werden (unten), die zu einer anderen Anordnung der Anschlüsse führen können. (Produktfotos: Telegärtner).

In der Praxis wird aus Kostengründen oftmals nicht vollverkabelt. Stattdessen wird nur dort, wo ein WLAN Access Point wahrscheinlich installiert wird, ein Anschluss vorgesehen plus ein paar strategisch verteilte Reserveanschlüsse. Je einfacher eine Leitung nachzurüsten ist, beispielsweise in einer leicht zu öffnenden abgehängten Decke, desto weniger Reserveanschlüsse werden meist vorgesehen. Oft werden Doppeldosen installiert, um einen künftigen Access Point eine Zeitlang gleichzeitig mit dem älteren betreiben zu können und diesen erst dann abzubauen, wenn der neue zufriedenstellend funktioniert. Wo keine Anschlussdosen gewünscht sind, beispielsweise in Lobbys, im Empfangsbereich oder in Treppenhäusern, kann das Installationskabel direkt mit einem Stecker versehen werden. Der Access Point wird mit diesem Stecker dann direkt an das Installationskabel angeschlossen, das er meistens vollständig verdeckt, was oft hübscher aussieht, als wenn ein Stückchen Patchkabel unter dem Access Point hängt. Außerdem ist der verdeckte Anschluss nicht so leicht zugänglich wie eine Anschlussdose, so dass sich Unbefugte nicht so leicht daran zu schaffen machen können.

6.2 Verkabelung für verteilte Gebäudedienste

Immer mehr Geräte, Anlagen und elektronische Baugruppen werden mit einem IP-Anschluss ausgestattet. WLAN Access Points, IP-Kameras, Zeiterfassungsterminals, Kartenleser und Controller der Zugangskontrollanlage, Tagungstechnik, Heizung, Klimatisierung, Beschattungsanlagen, Beleuchtungsanlagen, Sensoren, Aktoren und viele mehr – die Gebäudetechnik entwickelt sich zunehmend in Richtung IP. Das Internet der Dinge scheint für die technische Gebäudeausrüstung wie geschaffen zu sein. Damit wird eine Vielzahl unterschiedlicher Systeme, die bislang eine eigene, oftmals systemspezifische Verkabelung verwendeten, Teil des Datennetzes, und die einschlägigen Verkabelungsnormen wurden und werden entsprechend erweitert.

DIN EN 50173-6:2018-10 sieht für verteilte Gebäudedienste zwei Verkabelungstypen vor: A und B. **Typ A** entspricht der klassischen strukturierten Verkabelung, bei der die Datenleitungen vom Etagenverteiler zu den Anschlussdosen verlaufen, wahlweise mit oder ohne Sammelpunkt (engl. consolidation point), der bei der Verkabelung für verteilte Gebäudedienste jetzt **Dienstekonzentrationspunkt** (kurz: **DKP**; engl. **service concentration point**) heißt. Bei **Typ B** endet die Verkabelung am DKP, alles danach ist nicht Bestandteil der Norm und der Anwender kann hier anlagen- und nutzungsspezifisch verkabeln, wie er möchte. Damit sind neben der Stern- auch Bus-, Baum- und Ringstrukturen möglich.

Die Installation eines Dienstekonzentrationspunktes wird man oft wie bei Sammelpunkten der Büroverkabelung handhaben, also in abgehängten Decken oder im Doppelboden. Bei Verkabelungstyp B können dort auch aktive Netzwerkkomponenten installiert werden, beispielsweise, um von Glasfaserkabeln auf Kupferanschlüsse umzusetzen.

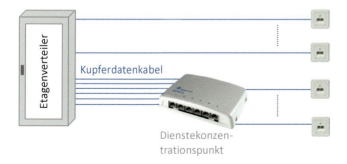

Bild 6.2: Beispiel für den Verkabelungstyp A
nach DIN EN 50173-6:2018-10.
Die Verkabelung kann einen Dienstekonzentrationspunkt
enthalten, muss aber nicht.
(Produktfotos: Telegärtner).

Bild 6.3: Beispiel für den Verkabelungstyp B
nach DIN EN 50173-6:2018-10.
Die Verkabelung nach dem Dienstekonzentrationspunkt ist nicht
Bestandteil der Norm und kann anlagen- und nutzungsabhängig
in beliebiger Form ausgeführt werden.
(Produktfotos: Telegärtner).

135

6.3 Direktanschluss (MPTL, Direct Attach, E2E)

Nicht immer ist es zweckmäßig, eine Anschlussdose in der Nähe des Endgeräts zu installieren. In Hotellobbys und anspruchsvoll gestalteten Empfangsbereichen sind Anschlussdosen und lose Patchkabel an WLAN Access Points oft ebenso unerwünscht wie in der Sicherheitstechnik, wo der Anschluss vor unbefugtem Zugriff geschützt werden soll. In der Praxis werden in solchen Fällen Endgeräte gerne mit feldkonfektionierbaren Steckern gleich an das Installationskabel angeschlossen. Feldkonfektionierbare Stecker gibt es mit geradem und mit gewinkeltem Kabelabgang. Bei IP-Kameras kann das Kabel oft in das Schutzgehäuse, das die Kamera umgibt, eingeführt werden. Im Verteiler endet das Installationskabel wie gewohnt in einem Verteilfeld.

Bild 6.4: Wo Anschlussdosen und Patchkabel nicht zweckdienlich sind, können Endgeräte mit feldkonfektionierbaren Steckern an das Verlegekabel angeschlossen werden.
(Produktfoto: Telegärtner).

DIN EN 50173-6:2018-10 sieht die Möglichkeit vor, Endgeräte ohne Anschlussdose direkt an die Verlegekabel anzuschließen, schreibt für diesen Fall jedoch einen Dienstekonzentrationspunkt (Sammelpunkt) in der Nähe der Endgeräte vor, um die Fehlersuche und Reparatur bei defekten Verbindungen zu vereinfachen. In der Praxis wird auf einen Dienstekonzentrationspunkt jedoch häufig verzichtet und das Installationskabel durchgehend bis zum Endgerät verlegt. Dies ist in ISO/IEC TR 11801-9910:2020 und ANSI/TIA-568.2-D so vorgesehen und wird dort als **MPTL** (engl. **modular plug terminated link**, zu Deutsch

„mit einem Stecker abgeschlossene Verbindung") bezeichnet. Ein MPTL kann einen Sammelpunkt enthalten und entspricht dann der Verkabelung Typ B nach DIN EN 50173-6:2018-10, muss aber nicht.

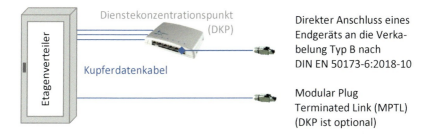

Bild 6.5: Beispiele für den Anschluss von Endgeräten an das Verlegekabel nach DIN EN 50173-6:2018-10 (Verkabelungstyp B) und Modular Plug Terminated Link (MPTL). Im Gegensatz zum Verkabelungstyp B ist der Dienstekonzentrationspunkt beim MPTL optional und wird in der Praxis oft weggelassen.
(Produktfotos: Telegärtner).

Endgeräte mit einem Stecker direkt an das Installationskabel anzuschließen, wird oft als **Direct Connect** bezeichnet. Im Gegensatz dazu werden die Begriffe **Direct Attach** und **Direct Attach Cabling** meist für die direkte Verbindung aktiver Netzwerkkomponenten wie Switches, Server und Speichergeräte (Storage) gemäß ISO/IEC TR 11801-9907 untereinander verwendet. So genannte **Direct-Attach-Kabel** hingegen besitzen integrierte Elektronik-Module wie beispielsweise SFPs, die in die Einschubplätze in aktiven Komponenten gesteckt werden; dies wird auch als **Direct Attach Copper** (**DAC**) bezeichnet. Dann gibt es noch den **End-to-End Link** (**E2E Link**) nach ISO/IEC 11801-9902. Bei ihm werden zwei Geräte mit Steckern direkt an das Kabel angeschlossen wie bei Direct Connect/Direct Attach Cabling. Ein E2E-Link kann aus bis zu fünf Teilstrecken bestehen und ist typischerweise in industriellen Bereichen anzutreffen. Die hier vorgestellten Begriffe, besonders „Direct Attach ...", werden in der Praxis oft nicht einheitlich verwendet. Es empfiehlt sich daher immer zu prüfen, was genau benötigt wird und wie die Verkabelung aussieht.

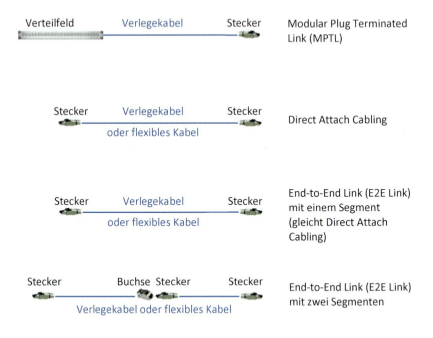

Bild 6.6: Beispiele für Modular Plug Terminated Link (MPTL), Direct Attach Cabling und End-to-End Link (E2E Link). Ein End-to-End Link kann bis zu fünf Segmente enthalten.
In der Praxis sind auch andere Ausführungen anzutreffen.
(Produktfotos: Telegärtner)

Zu den verschiedenen Verkabelungsvarianten veröffentlichte ISO/IEC jeweils technische Berichte (engl. technical report, kurz TR):

- ISO/IEC TR 11801-9910 befasst sich mit dem Modular Plug Terminated Link (MPTL).
- ISO/IEC TR 11801-9907 befasst sich mit Direct Attach Cabling.
- ISO/IEC TR 11801-9902 befasst sich mit End-to-End-Links (E2E-Links).

Bild 6.7:   Beispiel für ein Direct-Attach-Kabel.
(Produktfoto: MICROSENS).

6.4 Fernspeisung (Remote Powering)

Wie es aussieht, werden auch weiterhin immer mehr Geräte, Anlagen und elektronische Baugruppen mit einem IP-Anschluss ausgestattet. Das Internet der Dinge ist längst in der technischen Gebäudeausrüstung angekommen. Mit ihm kann eine Vielzahl unterschiedlicher Systeme, die bislang eigene, oftmals systemspezifische Verkabelungen verwendeten, über eine für möglichst alle nutzbare, genormte Verkabelungs-Infrastruktur miteinander vernetzt werden. Der Trend zu intelligenter Gebäudetechnik ist in nahezu allen Gebäudetypen erkennbar, seien es Bürogebäude (Smart Office), Industriestandorte (Smart Factory) oder Wohnungen (Smart Home).

In diesem Zusammenhang werden Endgeräte zunehmend über die Datenleitung auch mit Energie versorgt. Die Idee ist nicht neu. Vor Jahrzehnten versorgte man das klassische Telefon bereits über die Telefonleitung auch mit Strom. Damals hieß es schlicht **Fernspeisung**, heute nennt man es gerne **Remote Powering**. Mit **Power over Ethernet** (**PoE**) hat sich das Prinzip auch in der Datentechnik durchgesetzt. Man spart sich dabei die komplette Elektroversorgung – Steckdose, Leitung, Leitungsschutzschalter – für den Anschluss der Endgeräte vor Ort sowie die Dienste eines Elektronikers (früher: Elektriker). Auch für mobile Geräte kann Power over Ethernet durchaus komfortabel sein. Viele wären froh, wenn sie auf Reisen die Netzteile ihrer Geräte zu Hause lassen könnten. **Power over Ethernet** (**PoE**) und das leistungsstärkere **Power over Ethernet Plus** (**PoE+**) sind in IEEE 802.3-2018, Section 2, Clause 33 genormt. Dort werden sie allerdings nicht so bezeichnet, sondern als „**Power via Media Dependent Interface (MDI)**", zu Deutsch „Stromversorgung über die vom Übertragungsmedium abhängige Schnittstelle". Eine stärkere Variante, bei der Strom über alle vier Adernpaare übertragen wird (**4 Pair Power over Ethernet**, **4PPoE**) ist in IEEE 802.3bt, Clause 145 genormt. Dort findet sich auch die Bezeichnung „Power over Ethernet". 4PPoE wird in der Praxis auch als **PoE++** bezeichnet.

Power over Ethernet	Norm	Max. Leistung am Endgerät typisch	Strom pro Aderpaar typisch
PoE	IEEE 802.3-2018 (ursprünglich IEEE 802.3af)	13,0 W (ursprünglich 12,95 W)	350 mA
PoE+	IEEE 802.3-2018 (ursprünglich IEEE 802.3at)	25,5 W	600 mA
4PPoE	IEEE 802.3bt	51,0 W 71,3 W	600 mA 960 mA

Tabelle 6.1: Power over Ethernet.
Nach IEEE 802.3af sollten einem PoE-fähigen Endgerät bis zu 12.95 Watt zur Verfügung stehen. IEEE 802.3af wurde in die Hauptnorm IEEE 802.3 aufgenommen und die typische maximale Leistung am Endgerät auf 13,0 Watt angehoben.
(IEEE Std 802.3-2018 Copyright IEEE. Adapted with permission from IEEE. All rights reserved.)

Besonders bei 4PPoE hängen die Stromstärken in den einzelnen Adern und Adernpaaren vom Widerstand der einzelnen Leiter, dem Unterschied der Widerstände der Leiter in einem Adernpaar und dem Unterschied der Widerstände der Adernpaare untereinander ab. Die im Vergleich zur Datenübertragung hohen Stromstärken der Fernspeisung führen zu einer deutlichen **Erwärmung der Datenleitungen**, besonders, wenn Leitungsbündel in unbelüfteten Kabelwegen (was recht oft der Fall ist) oder in Dämmstoff verlegt werden. DIN EN 50174-2:2018-10 enthält eine Reihe von Maßnahmen, um die Erwärmung zu verringern, beispielsweise Kabel mit großem Leiterquerschnitt zu verwenden, Kabelbündel klein zu halten oder die Installationsumgebung zu verändern. Eine offene Kabelrinne oder Gitterrinne kann gegenüber einer geschlossenen Verlegung in einem Kabelkanal oder Schutzrohr für eine Verbesserung sorgen.

Neben der Erwärmung können bei der Fernspeisung von Endgeräten **Abreißfunken** auftreten, wenn ein Gerät im laufenden Betrieb ausgesteckt wird. Die Normen geben vor, dass Geräte vor dem Ausstecken erst heruntergefahren und ausgeschaltet werden. In der Praxis wird das aber schon mal vergessen. Wird eine Steckverbindung getrennt, während Strom fließt, können Funken entstehen, die die feinen Kontakte von Stecker und Buchse beschädigen können. Die Stellen, an denen diese Schäden auftreten, können für die Datenübertragung meist nicht mehr genutzt werden. Bei Steckern und Buchsen, die für die Fernspeisung von Endgeräten optimiert sind, entstehen die unvermeidlichen Beschädigungen durch Funken an Stellen, die weit von dem Bereich entfernt liegen, der für die Datenübertragung genutzt wird. Dasselbe gilt auch für die Schleifspuren, die durch Funken beschädigte Stecker verursachen.

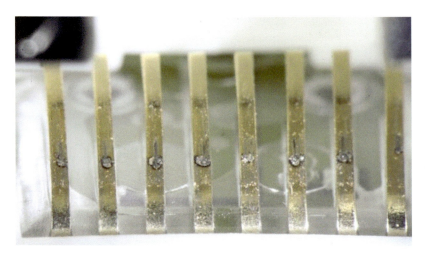

Bild 6.8: Durch Abreißfunken beschädigte Kontakte einer RJ45-Buchse. (Foto: Telegärtner).

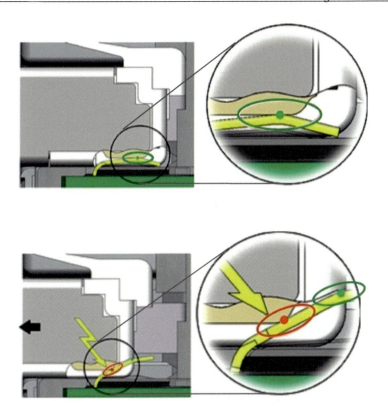

Bild 6.9: Beispiel für eine Steckverbindung, die für Remote Powering optimiert ist (oben in gestecktem Zustand, unten während des Aussteckens).
Gleitet der Stecker aus der Buchse, wandert der Punkt, an dem sich die Kontakte von Stecker und Buchse berühren, in Richtung Buchsenöffnung und Steckerfront. Der Bereich, in dem Beschädigungen durch Abreißfunken entstehen (rot), liegt dabei weit von dem Kontaktbereich entfernt, der für die Datenübertragung genutzt wird (grün).
(Zeichnung: Telegärtner).

Auch bei Steckern und Buchsen, die für Remote Powering optimiert sind, ist ein Ziehen unter Last nicht als Regelbetrieb vorgesehen. Endgeräte sollten erst ausgeschaltet und dann erst ausgesteckt werden.

6.5 Automatisiertes Infrastrukturmanagement (AIM)

In vielen Netzen ist die Dokumentation nicht aktuell, nur teilweise oder gar nicht vorhanden. In kleinen Netzen mag die Beschriftung auf Verteilfeld und Dosen vielleicht noch ausreichen, in größeren Netzen verliert man schnell den Überblick. Auch die beliebte Variante, die wichtigsten Informationen in einer Tabelle zu vermerken, offenbart in der Praxis allzu oft ihre Tücken: Wenn die Tabelle nicht immer gleich aktualisiert wird, nachdem die Arbeiten oder Änderungen an der Verkabelung abgeschlossen wurden, bringt sie nichts.

Ein automatisiertes Infrastrukturmanagement kann je nach Produkt und Ausführung meist folgende Funktionen erfüllen:

- automatische Dokumentation der Patchverbindungen
- Überwachung der Patchverbindungen
  - o Meldung/Alarmierung bei ungeplanten Veränderungen
  - o Protokollierung von Veränderungen
- Planung von künftigen Patchverbindungen
- Dokumentation der IT-Infrastruktur
  - o Verkabelung
  - o aktive Netzwerkkomponenten
- Kapazitätsmanagement
  (Wo ist was belegt/frei und wie groß sind die Reserven?)
- Planung von Änderungen an der IT-Infrastruktur

Im Idealfall hat der Netzwerkadministrator eine stets aktuelle Dokumentation der IT-Infrastruktur, kann sehr einfach sehen, wo noch was frei ist und kann entsprechend planen. Bei ungeplanten Veränderungen wird er umgehend benachrichtigt, kann bei Problemen oder anstehenden Arbeiten gleich an der richtigen Stelle anpacken (oder anpacken lassen) und kann lückenlos nachvollziehen, was wann wo geändert wurde, was die Fehlersuche oftmals deutlich vereinfacht und verkürzt.

Ein AIM-System besteht typischerweise aus folgenden Komponenten:

- Verteilfelder, die ein Patchkabel erkennen können
- Patchkabel, die von den Verteilfeldern erkannt werden (manche Systeme arbeiten auch mit Standard-Patchkabeln)
- eine elektronische Baugruppe, die die Informationen der Verteilfelder sammelt und auswertet und/oder sie an eine Management-Software weiterleitet
- eine Management-Software mit Datenbank

Je nach Hersteller unterscheidet sich das Verfahren, wie die Verteilfelder die Patchkabel erkennen. Das kann zum Beispiel über einen zusätzlichen Draht, über Chips oder RFID-Transponder (wie im Supermarkt) geschehen. Es gibt auch Verteilfelder mit Lichtschranken in den RJ45-Buchsen. Mikroschalter in den Buchsen wurden weitgehend von den Lichtschranken abgelöst.

Bild 6.10: Beispiele für Verteilfelder mit RFID-Antennen für Kupfer- (oben) und für Glasfaserleitungen (Mitte) und für eine elektronische Baugruppe, die die Informationen sammelt und an die Management-Software weiterleitet (unten).
(Produktfotos: Telegärtner).

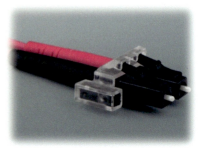

Bild 6.11: Beispiele für Patchkabel-Stecker eines AIM-Systems mit RFID-Transpondern (links RJ45, rechts LC-Duplex).
(Produktfotos: Telegärtner).

Je nach Produkt können vorhandene, herkömmliche Verteilfelder und Patchkabel im laufenden Betrieb ohne Betriebsunterbrechungen zu einem AIM-System aufgerüstet werden. Das hängt in der Praxis allerdings nicht nur von den Produkten ab, sondern auch, ob die Komponenten gut zugänglich sind. Einen vollbestückten Verteilerschrank nachzurüsten ist keine Kleinigkeit.

DIN EN 50667:2017-06 schreibt bei AIM-Systemen eine offene Software-Schnittstelle für den Datenaustausch mit Lösungen anderer Hersteller vor und legt die Mindestfunktionen eines AIM-Systems fest.

Je nach Ausführung kann ein AIM-System mit einer CAD-basierten Software gekoppelt und Gebäudegrundrisse für maßstäbliche Planungen herangezogen werden. Das kann sogar so weit gehen, dass Lage und Längen der Kabel softwareunterstützt bestimmt werden können. Damit ist ein durchgehendes System für Planung, Installation, Betrieb und Dokumentation möglich.

	Patchkabel mit zusätzlichem Draht	Patchkabel mit RFID-Transponder oder Chip	Verteilfeld mit Lichtschranken an den RJ45-Buchsen
Physische Überprüfung der Ranigerung von A nach B	Ja, Durchgangsprüfung	Ja, durch paarweise Zuordnung der RFID-/Chip-Kennungen	Nein
Spezielle Patchkabel nötig?	Ja	Nein, aber Nachrüstung erforderlich	Nein
Auf-/Nachrüstung herkömmlicher Komponenten im laufenden Betrieb ohne Betriebsunterbrechung möglich?	Nein	Ja	Ja
Reihenfolge beim Stecken der Patchkabel	Beliebig	Beliebig	Immer kabelweise (ein Patchkabel mit beiden Enden, dann das nächste)
Zusatzinformationen im Patchkabel speicherbar (z.B. Anzahl der Steckzyklen, Paarkreuzung, ...)	Nein	Ja	Nein
Einbeziehung der Anschlüsse aktiver Netzwerkkomponenten	Mit Kontaktstreifen oder mit zusätzlichem Verteilfeld (Crossconnection)	Mit speziellen Patchkabeln oder mit zusätzlichem Verteilfeld (Crossconnection)	Mit zusätzlichem Verteilfeld (Crossdonnection)

Tabelle 6.2:   Beispiele für die Patcherkennung in AIM-Lösungen.
Je nach Hersteller/Ausführung sind Abweichungen möglich.

6.6 Trends

Mit dem Trend zur Vernetzung von immer mehr Geräten inklusive der intelligenten Gebäudetechnik geht der Trend zu **softwarebasierenden Netzen** einher. Natürlich wird auch dabei weiterhin eine Verkabelungs-Infrastruktur zum Anschluss von Endgeräten und aktiven Netzwerkkomponenten benötigt. Die Netzwerkstruktur und die Zuordnung von Endgeräten und Diensten zu einem oder mehreren Netzwerken erfolgt jedoch zunehmend softwaregesteuert. Wo man früher umpatchen musste, wird nun per Mausklick gearbeitet oder dem Endgerät Dienste und Zugriffsrechte vollautomatisch zugewiesen. Selbstorganisierende, selbstlernende Netzwerke sind bereits Realität.

Neben dem Netzwerkmanagement erfolgt auch die **Steuerung der Gebäudetechnik** zunehmend per Software. **Apps** – kleine Programme, wie man sie von Smartphones und Tablets kennt – können in Switches geladen werden und übernehmen beispielsweise die Beleuchtungssteuerung: Sie dimmen LED-Leuchten vollautomatisch, so dass das einfallende Tageslicht stets zur gewünschten Beleuchtungsstärke ergänzt wird, ohne dass es dem Anwender auffällt. Für ihn herrschen immer optimale Lichtverhältnisse. Möchte er die Beleuchtung ändern, greift er einfach zu seinem Smartphone und ändert Beleuchtungsstärke und Lichtfarbe. Der Switch steuert dann die Beleuchtung anhand der Vorgaben des Anwenders und der Daten, die die Sensoren in den Räumen liefern. Erkennt er über einen Präsenzmelder, dass niemand im Raum ist, schaltet er die Beleuchtung aus oder dimmt sie auf einen vorgegebenen Mindestwert. Werden noch Heizung, Klimaanlage, Lüftung und Medientechnik (Beamer, Fernseher, etc.) einbezogen, kann eine Menge Energie eingespart werden. An griffigen Bezeichnungen für solche Konzepte der IT-gestützten, vernetzten Gebäudetechnik mangelt es nicht: **Smart Building** („intelligentes Gebäude"), **Smart Office** („intelligentes Büro"), **Smart Lighting** („intelligente Beleuchtung"), **Smart Home** („intelligentes Zuhause"), **Digital Building** („das digitale Gebäude") und viele mehr.

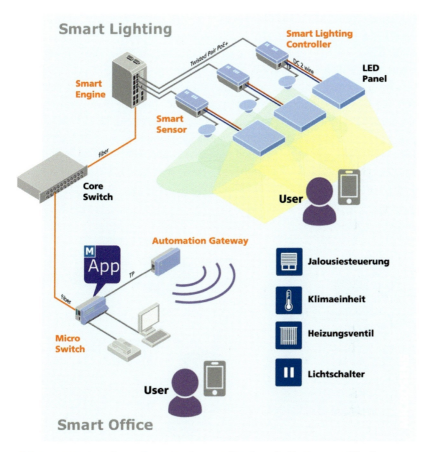

Bild 6.12: Beispiel für die IP-basierte Gebäudetechnik (Smart Office).
(Grafik: MICROSENS).

Um der Forderung nach immer höheren Datenraten nachzukommen, werden Gebäude zunehmend mit Glasfasern an das Stadt- oder Weitverkehrsnetz (WAN) angeschlossen. **FTTH** (**Fiber To The Home**, „Glasfaser bis zur Wohnung"), und **FTTB** (**Fiber To The Building**, „Glasfaser bis zum Gebäude"), sind in immer mehr Städten und Gemeinden verfügbar. Wird die Glasfaserverkabelung im Gebäude fortgesetzt, wird dies oft als **FITH** (**Fiber In The Home**, „Glasfaser

149

innerhalb des Wohngebäudes") und **FITB** (**Fiber In The Building**, „Glasfaser innerhalb des Gebäudes") bezeichnet. Werden die Fasern bei FTTH bis in die einzelnen Wohnungen geführt, erleichtern Anschlussdosen mit vorkonfektionierten Glasfaserkabeln, die nur eingezogen und erforderlichenfalls im Verteiler noch mit einem Stecker versehen werden müssen, die Installationsarbeiten. In den Wohnräumen werden Kupferdatenleitungen installiert und die Endgeräte werden wie gewohnt mit RJ45-Steckern angeschlossen. Die Anschlussdosen für Wohnungsverkabelungen müssen dabei nicht nur technisch ausgereift sein, sie müssen auch von Nichtfachleuten einfach und sicher zu gebrauchen und designfähig sein, das heißt, sie müssen sich möglichst gut in das vorhandene Schalterprogramm integrieren lassen.

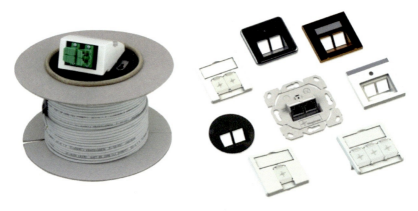

Bild 6.13: Beispiele für Anschlussdosen: vorkonfektioniert für Glasfasern (links) und designfähig für Kupferdatenleitungen (rechts). (Produktfotos: Telegärtner).

7 Anhang – Technische Informationen

Dieses Kapitel enthält technische Informationen, die allgemein für die verschiedenen Infrastrukturtypen gelten, wie beispielsweise Komponenten-Kategorien, Pinbelegungen und Typenkurzzeichen von Kabeln.

Die Begriffe **Kabel** und **Leitung** werden in der Elektrotechnik üblicherweise nach ihrem Anwendungsbereich unterschieden: Kabel für die Verwendung außerhalb von Gebäuden, Leitung für innen. In der Datentechnik werden die Begriffe jedoch nicht so eindeutig verwendet. Dort meint man mit Kupferdatenleitungen und Kupferkabeln meist dasselbe. Bei Glasfasern wird überwiegend der Begriff Glasfaserkabel verwendet, seltener Glasfaserleitungen. Nur bei Patchkabeln sucht man den Begriff „Patchleitung" meist vergebens, stattdessen sprechen die Normen von Schnüren. In diesem Buch werden die Begriffe Kabel und Leitung gleichberechtigt verwendet, wie sie in der Praxis der Datentechnik anzutreffen sind.

7.1 Kupfertechnik

Komponenten für Kupfernetze gibt es in geschirmter und ungeschirmter Ausführung. Beide sind in den einschlägigen Verkabelungsnormen enthalten und es gibt zahlreiche geschirmte wie ungeschirmte Netze, die tadellos funktionieren. Bei geschirmten Verkabelungen ist Erdung und Potenzialausgleich größere Aufmerksamkeit zu widmen als bei ungeschirmten. Die VDE-Vorschriften müssen bei beiden erfüllt werden. Zu Erdung und Potenzialausgleich siehe besonders DIN EN 50310 „Telekommunikationstechnische Potentialausgleichsanlagen für Gebäude und andere Strukturen" sowie DIN EN 50174-2 „Informationstechnik – Installation von Kommunikationsverkabelung – Installationsplanung und Installationspraktiken in Gebäuden".

7.1.1 Übertragungsklassen, Kategorien, Leitungslängen

DIN EN 50173-1:2018-10 unterscheidet zwischen der **Übertragungs-streckenklasse** oder kurz **Klasse** als Maß für die Leistungsfähigkeit der installierten Verkabelung und der **Kategorie** als Maß für die Leistungsfähigkeit der Einzelkomponenten wie Installationskabel, Verteilfeld, Anschlussdose und Patchkabel an sich. Vereinfacht liegt dem die Überlegung nach Tabelle 7.1 zugrunde:

Komponenten der Kategorie	ergeben eine Verkabelung der Klasse	geeignet unter anderem für die Ethernet-Variante	mit einer Datenrate von bis zu	über eine Gesamtlänge von bis zu	mit RJ45-Steckverbinder
5	D	1000BASE-T	1 Gbit/s	100 m	ja
6	E	1000BASE-T	1 Gbit/s	100 m	ja
6_A	E_A	10GBASE-T	10 Gbit/s	100 m	ja
7	F	10GBASE-T	10 Gbit/s	100 m	nein
7_A	F_A	10GBASE-T	10 Gbit/s	100 m	nein
8.1	I	40GBASE-T	40 Gbit/s	30 m	ja
8.2	II	40GBASE-T	40 Gbit/s	30 m	nein

Tabelle 7.1:   Zusammenhang zwischen Kategorien und Klassen.

Werden in einer Übertragungsstrecke Komponenten verschiedener Kategorien gemischt, dann bestimmt nach DIN EN 50173-2:2018-10 die jeweils niedrigste Komponentenkategorie die Klasse der Übertragungsstrecke. Werden beispielsweise Leitungen der Kategorie 7_A mit einem Verteilfeld und Anschlussdosen der Kategorie 6_A verbunden, wird die Installationsstrecke als Klasse E_A eingestuft. Werden in die Dosen dann Patchkabel der Kategorie 6 eingesteckt, ergibt sich eine Übertragungsstrecke der Klasse E.

Eine Sonderstellung nehmen die Ethernet-Varianten **2.5 Gigabit Ethernet** (**2.5GBASE-T**) mit einer Datenrate von 2.5 Gbit/s und **5 Gigabit Ethernet** (**5GBASE-T**) mit 5 Gbit/s ein. Beide sind nach

IEEE 802.3bz genormt und sollen dort, wo eine gute Verkabelung der Klasse D oder E vorhanden ist, höhere Datenraten als ein Gigabit pro Sekunde ermöglichen. Beispiele für eine solche Anwendung ist die Anbindung leistungsfähiger WLAN Access Points in Bereichen, in denen schlecht oder nur mit großem Aufwand neu verkabelt werden kann wie etwa in Lobbys oder Empfangshallen. Bei 5GBASE-T kann die Leitungslänge entscheidend sein, ob eine Verkabelung nach Klasse D ausreicht. Das kann grundsätzlich aber auch bei 2.5GBASE-T der Fall sein. In allen Fällen, in denen eine bestehende Verkabelung für eine neue Netzart genutzt werden soll, spielt die Qualität der Verkabelungskomponenten, deren Abstimmung aufeinander und nicht zuletzt die Qualität der Installationsarbeiten eine entscheidende Rolle. Gewissheit verschaffen letztendlich nur die messtechnische Überprüfung und ein Probebetrieb. Kurz: Qualität und Ausprobieren.

Für **40 Gigabit Ethernet** (**40GBASE-T**) und **25 Gigabit Ethernet** (**25GBASE-T**) sieht DIN EN 50173-1:2018-10 eine Verkabelung der Klasse I oder II und somit Komponenten der Kategorie 8.1 bzw. 8.2 vor. 25 Gigabit Ethernet (25GBASE-T) nutzt jedoch nicht den vollen Frequenzbereich bis 2000 MHz, sondern nur bis 1250 MHz. Damit ist es denkbar, dass Übertragungsstrecken, die aus Komponenten der Kategorie 8.1 oder 8.2 bestehen und die die Anforderungen der Verkabelungsnormen übertreffen, 25GBASE-T auch über mehr als 30 m übertragen können, solange die in IEEE 802.3 festgelegten Parameter für 25GBASE-T eingehalten werden. Der technische Bericht **ISO/IEC TR 11801-9909:2020** stellt Untersuchungsergebnisse hierzu vor. Er enthält Empfehlungen für Stecken von 40 m, 50 m, 67 m und 100 m Länge. Darüber hinaus spezifiziert der Bericht die Berechnungsformeln für die Parameter einer Übertragungsstrecke von 50 m Länge und einem Frequenzbereich bis 2000 MHz. Der Anwendungsbericht und die darin enthaltenen Spezifikationen sind jedoch nicht normativ.

Über kurze Entfernungen kann **25 Gigabit Ethernet** (**25GBASE-T**) auch mit Verkabelungskomponenten der Kategorie 6$_A$ funktionieren. Der technische Bericht **ISO/IEC TR 11801-9905:2018** enthält Richtlinien, anhand derer geprüft werden kann, ob eine vorhandene Verkabelung auch 25 Gigabit Ethernet übertragen kann. Immer wieder wird dieser Bericht als Grundlage verwendet, um neue Verkabelungen mit

Komponenten der Kategorie 6_A als „25-Gigabit-Ethernet-tauglich" zu planen und zu installieren. Dabei wird jedoch übersehen, dass ISO/IEC TR 11801-9905 nur für die Überprüfung einer vorhandenen Übertragungsstrecke inklusive Patchkabel anzuwenden ist, nicht für eine Neuverkabelung. Bei Strecken mit Komponenten der Kategorie 6_A sieht der Bericht auch nur eine maximale Länge der gesamten Übertragungsstrecke inklusive Patchkabel von gerade mal 12 m vor. Für Neuverkabelungen empfiehlt ISO/IEC TR 11081-9905 ausdrücklich Übertragungsstrecken der Klasse I oder II bis 2000 MHz. Dies wird durch eine Risikobewertung des Anwendungsberichts untermauert, welche das Risiko für den Betrieb von 25GBASE-T mit Komponenten der Kategorie 6_A bereits bei einer Übertragungsstreckenlänge von mehr als 10 m als hoch eingestuft. Gelegentlich trifft man auf Komponenten der Kategorie 6_A mit erweitertem Frequenzbereich und auf Komponenten der Kategorie 8.1 mit auf 1250 MHz eingeschränktem Frequenzbereich, die für 25 Gigabit Ethernet geeignet sein sollen. SVerkabelungen mit Komponenten mit einem erweiterten oder einem eingeschränkten Frequenzbereich sind nicht in DIN EN 50173-1:2018 vorgesehen, sondern herstellerspezifische Lösungen.

Es ist nicht sicher, dass bei einer Verkabelung die angestrebten Datenraten allein durch Verwendung der entsprechenden Komponenten erreicht werden, wie es eigentlich sein sollte. Viele Faktoren, beispielsweise wie gut die einzelnen Komponenten in einer Übertragungsstrecke aufeinander abgestimmt sind und nicht zuletzt die handwerkliche Ausführung der Installation selbst haben maßgeblichen Einfluss auf die Leistungsfähigkeit einer Verkabelung. Die Installation eines Verkabelungssystems, bei dem alle Komponenten aufeinander abgestimmt sind, und die Ausführung der Arbeiten durch Fachleute, die für dieses System zertifiziert oder zumindest geschult sind, bieten eine größere Sicherheit als das wahllose Zusammenschalten verschiedenster Produkte, auch wenn die Verkabelungsnormen geschrieben wurden, um gerade dies zu ermöglichen. Theorie und Praxis unterscheiden sich gelegentlich.

7.1.2 Kabeltypen

DIN EN 50173-1:2018-10 legt die Bezeichnung für geschirmte und ungeschirmte Kabel wie folgt fest:

*<Kürzel für den Gesamtschirm>/<Kürzel für den Paarschirm>*TP

und sieht für die Kürzel folgende Buchstaben vor:

U = ungeschirmt
S = Geflechtschirm (z.B. aus feinen, verzinnten Kupferdrähten)
F = Schirm aus metallisierter Folie

TP steht dabei für „twisted pair", dem englischen Begriff für Paare aus verdrillten Adern. Statt TP kann auch TQ für vier verdrille Adern („Vierer") stehen, doch dieser Kabelaufbau ist in der Datentechnik nicht üblich.

Beliebte Kabeltypen sind:

- **U/UTP**, das klassische ungeschirmte Kabel
- **F/UTP**, Kabel mit Folien-Gesamtschirm;
  die einzelnen Adernpaare sind ungeschirmt
- **SF/UTP**, Kabel mit Gesamtschirm aus Folie und Geflecht;
  die einzelnen Adernpaare sind ungeschirmt
- **F/FTP**, Kabel mit einzeln geschirmten Adernpaaren (Folie)
  und Gesamtschirm ebenfalls aus Folie
- **S/FTP**, Kabel mit einzeln geschirmten Adernpaaren (Folie)
  und Gesamtschirm aus Geflecht; wird in Deutschland besonders gerne eingesetzt.

Hin und wieder trifft man auch auf die Bezeichnung „**PiMF**" für „Paare in Metall-Folie". Dabei handelt es sich meist um ein S/FTP, obwohl ein F/FTP oder ein U/FTP ebenfalls zutreffend wäre.

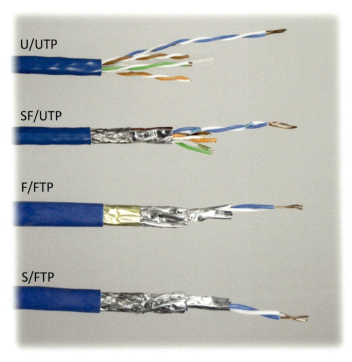

Bild 7.1:   Beispiele für gebräuchliche Typen von Kupferdatenleitungen.

DIN EN 60708:2006-04 legt einen Farbcode für die Aderfarben in Niederfrequenzkabeln fest. Mittlerweile übertragen Kupferdatenleitungen sehr hohe Frequenzen von bis zu 2 GHz (2.000 MHz), zu Beginn der Datentechnik waren die Frequenzen deutlich niedriger. Die Farbzuordnung nach ANSI/TIA-568.2-D ist gleich.

Adernpaar	a-Ader	b-Ader
1	weiß	blau
2	weiß	orange
3	weiß	grün
4	weiß	braun

Tabelle 7.2:   Farbkennzeichnung der Adern nach DIN EN 60708:2006-04.

7.1.3 Stecker und Pinbelegungen

Der **RJ45**-Steckverbinder hat sich längst gegen die früher gebräuchlichen Steckverbindertypen durchgesetzt. Interessanterweise ist „RJ45" keine offizielle Bezeichnung. DIN EN 50173-1:2018-10 spricht von „Verbindungstechnik der Kategorien 5, 6, 6_A und 8.1 der Normenreihe EN 60603-7". Verständlich, dass „RJ45" in der Praxis beliebter ist. „RJ" steht für „Registered Jack", auf Deutsch „registrierter Stecker". In den USA wurden verschiedene Steckertypen in die offiziellen Listen mancher Telefongesellschaften aufgenommen. Interessanterweise ist auch in diesen Listen kein Stecker enthalten, der dem heute gebräuchlichen RJ45 entspricht. Im englischen Sprachraum wird der RJ45 gerne auch als **8P8C modular connector** bezeichnet. Dabei steht „P" für „positions" (Anzahl möglicher Kontakte) und „C" für „contacts" (Anzahl tatsächlich belegter Kontakte). Aber auch hier hat sich „RJ45" durchgesetzt. Eine andere Schreibweise ist „RJ-45".

In der Datentechnik hat sich schon früh ein einheitliches Schema für die Pinbelegung einer RJ45-Steckverbindung verbreitet. Dadurch wurde es möglich, dieselbe Verkabelung für verschiedene Netzarten wie Ethernet, Token Ring und andere zu nutzen. Dennoch sind auch andere Pinbelegungen genormt und möglich.

Bild 7.2: Beispiel für die Pin-/Paarzuordnung von RJ45-Buchse und Stecker.

T568A		Pin	T568B	
Paar 3	weiß	1	weiß	Paar 2
	grün	2	orange	
Paar 2	weiß	3	weiß	Paar 3
Paar 1	blau	4	blau	Paar 1
	weiß	5	weiß	
Paar 2	orange	6	grün	Paar 3
Paar 4	weiß	7	weiß	Paar 4
	braun	8	braun	

Tabelle 7.3:   Pin-/Farbzuordnung für RJ45-Buchsen nach Auflegeschema
T568A und T568B. Der Unterschied liegt in den Positionen
von Paar 2 (orange/weiß) und Paar 3 (grün/weiß).

Für die Zuordnung der farbigen Adernpaare einer Datenleitung zu den
Pins von RJ45-Buchsen sind in der Praxis zwei Arten üblich: **T568A**
und **T568B**, die sowohl in ANSI/TIA-568.0-D als auch in ANSI/TIA-
568.2-D enthalten sind. Die beiden Bezeichnungen werden in der Praxis oft mit den alten Ausgaben A und B der US-amerikanischen Verkabelungsnorm TIA-568 verwechselt. Zur Zeit der Manuskripterstellung dieses Buches liegt diese Norm in fünf Teilen (0 bis 4) vor.
Buchstaben werden bei TIA-Normen für überarbeitete Ausgaben ver-
geben; die erste Ausgabe erhält nur eine Nummer, „A" kennzeichnet
die erste Überarbeitung, „B" die zweite, usw. Die Pin-/Farbzuordnun-
gen T568A und T568B waren auch in den alten Ausgaben TIA/EIA-
568-A und TIA/EIA-568-B.2 enthalten, was regelmäßig für Verwir-
rung sorgt. Dass ältere Ausgaben auch noch als „TIA/EIA" und die
neueren als „ANSI/TIA" bezeichnet werden, macht die Sache nicht
gerade leichter.
Kurzgefasst: T568A und T568B bezeichnen Pin-/Farbzuordnungen für
die Kontakte einer RJ45-Buchse. Die beiden sind in verschiedenen
Ausgaben der US-amerikanischen Normenreihe TIA-568 enthalten.

Wenn die Hersteller der Verkabelungs- und Netzwerkkomponenten
nichts anderes vorschreiben, ist es für die Datenübertragung grundsätzlich egal, ob nach T568A oder T568B aufgelegt wird, solange es
an beiden Enden einer Leitung gleich geschieht. Wenn im Verteilfeld

nach T568A aufgelegt wird, muss es am anderen Ende des Installationskabels genauso gemacht werden, sonst sind die Paare 1-2 und 3-6 (grün-weißes und orange-weißes Adernpaar) vertauscht. In sich abgeschlossene Installationsstrecken mit jeweils verschiedenen Farbzuordnungen können in einer Übertragungsstrecke durchaus gemischt werden. Beispiel: Ein Patchkabel nach T568B wird in ein Verteilfeld gesteckt, das nach T568A aufgelegt ist. Die Anschlussdose am anderen Ende des Installationskabels muss wie das Verteilfeld nach T568A aufgelegt sein, das Patchkabel für das Endgerät kann wieder nach T568B oder auch nach T568A aufgelegt sein.

Kurzgefasst: Kabel müssen an beiden Enden gleich aufgelegt sein, also beide Enden nach T568A oder beide Enden nach T568B.

DIN EN 50174-1:2018-10 enthält ebenfalls zwei Möglichkeiten der Pin-/Paarzuordnung und bezeichnet die beiden als **Option A** und **Option B**, gibt dabei jedoch nur die Zuordnung der Adernpaare der Leitung zu den Pins des RJ45-Steckverbinders vor, ohne die Aderfarben festzulegen. Mit den Aderfarben nach DIN EN 60708:2006-04 ergibt sich bei Option A und Option B das gleiche Farbschema wie bei T568A und T568B. Nach DIN EN 50174-1:2018-10 sind andere Paarzuordnungen als Option A und B ebenfalls zulässig.

Für 10 und 100 Mbit/s nutzt Ethernet nur die Adernpaare 1/2 und 3/6, für Datenraten von 1 Gbit/s und mehr nutzt es alle Adernpaare einer RJ45-Steckverbindung. Das früher beliebte **Cable Sharing**, bei dem die Adern einer vierpaarigen Datenleitung auf die beiden RJ45-Buchsen einer Doppeldose aufgeteilt wurden, wird daher heutzutage kaum noch verwendet. Will man von Cable Sharing zu Gigabit Ethernet wechseln, müssen die Leitungen neu aufgelegt werden, vorausgesetzt, sie eignen sich für die hohen Datenraten. Dabei verliert man allerdings die Hälfte der Cable-Sharing-Anschlüsse.

Leitungen für Telefon- und Faxgeräte sind oft mit sechspoligen Steckern ausgestattet. Sie ähneln dem RJ45, besitzen aber sechs statt acht Kontakte. Sind nur zwei davon beschaltet, spricht man in der Praxis gerne vom **RJ11**, sind alle sechs beschaltet, vom **RJ12**. Die Bezeichnungen werden jedoch nicht einheitlich verwendet. RJ11-/RJ12-Stecker sind schmaler als RJ45-Stecker, die Seiten ihrer Gehäuse sind meist höher als die Kontakte. Werden solche Stecker in eine RJ45-Buchse gesteckt, können die Seitenwände der Stecker die äußeren Buchsenkontakte verbiegen. Es gibt RJ45-Buchsen mit integriertem **Kontaktüberbiegeschutz**, die auch dann noch die volle Leistung erbringen, wenn wiederholt ein RJ11 oder RJ12 eingesteckt wurde.

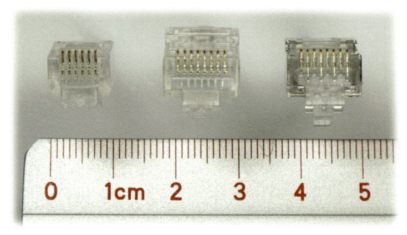

Bild 7.3:   Beispiele für RJ-Stecker.
RJ11/RJ12 ungeschirmt (links), RJ45 ungeschirmt (Mitte)
und RJ45 geschirmt (rechts).

7.2 Glasfasertechnik

7.2.1 Fasertypen, Übertragungsklassen, Leitungslängen

Ein kurzer Ausflug in die optische Nachrichtentechnik für den, den es interessiert: Unter „Mode" versteht man – sehr stark vereinfacht – einen Lichtstrahl. Physiker mögen sich über diese locker-flockige Vereinfachung die Haare raufen, aber für die Installationspraxis von Datenverkabelungen passt sie recht gut. In einer **Multimodefaser** sind also mehrere Lichtstrahlen gleichzeitig unterwegs, in einer **Singlemodefaser** (andere Namen: **Einmodenfaser**, **Monomodefaser**) jeweils nur einer. Alles andere überlassen wir den Physikern.

DIN EN 50173-1:2018-10 teilt Glasfasern in **Kategorien** ein. Für Multimodefasern sind die Kategorien OM1 bis OM5 festgelegt, wobei OM1 und OM2 nur noch informativ in der Norm enthalten sind. Bei Singlemodefasern sind die Kategorien OS1a und OS2 festgelegt. **Übertragungsstreckenklassen**, wie sie bei Kupferverkabelungen üblich sind, waren in älteren Ausgaben der DIN EN 50173-1 enthalten, wurden in der Praxis jedoch kaum beachtet. Viel wichtiger ist, welche Ethernet-Art mit welcher Faser wie weit übertragen werden kann.

Die maximale Länge einer Glasfaserstrecke hängt maßgeblich vom Leistungsbudget der aktiven Netzwerkkomponenten (Stärke des Senders und Empfindlichkeit des Empfängers) und von den optischen Verlusten der Installationsstrecke (Dämpfung) ab. Diese wird neben der Dämpfung der Faser vor allem von der Anzahl der Steckverbindungen und Spleiße (feste Verbindung zweier Glasfasern) bestimmt. Anders ausgedrückt: Je mehr Steckverbindungen und Spleiße in einer Glasfaserstrecke sind, desto kürzer muss sie sein, um die jeweilige Ethernet-Variante noch zuverlässig übertragen zu können. Wer's genau wissen möchte oder muss, sei auf die zulässigen Werte in der „Ethernet-Norm" IEEE 802.3 und ihren Ergänzungen verwiesen.

Ethernet-Variante	Datenrate	Gesamt-Strecken-dämpfung maximal	Multimodefasertyp (G50/125)		
			OM3	OM4	OM5
10BASE-FL	10 Mbit/s	6,80 dB	1 514 m	1 514 m	1 514 m
100BASE-FX	100 Mbit/s	6,30 dB	2 000 m	2 000 m	2 000 m
1000BASE-SX	1 Gbit/s	3,56 dB	550 m	550 m	550 m
1000BASE-LX	1 Gbit/s	2,35 dB	550 m	550 m	550 m
10GBASE-SR	10 Gbit/s	2,60 dB (OM3) 2,90 dB (OM4) 2,90 dB (OM5)	300 m	400 m	400 m
10GBASE-LX4	10 Gbit/s	2,00 dB	300 m	300 m	300 m

Tabelle 7.4: Maximale Leitungslängen mit Multimodefasern (G50/125) nach DIN EN 50173-1:2018-10 (Angaben ohne Gewähr). Bei den Längen ist laut Norm eine Dämpfung von 1,5 dB für die Verbindungstechnik (Stecker und Spleiße) vorgesehen. Höhere Dämpfungswerte führen zu kürzeren Leitungslängen. Die Längen nach IEEE 803.2 können abweichen.

Ethernet-Variante	Daten-rate	Multimode-fasertyp (G50/125)	Gesamt-Strecken-dämpfung maximal	Dämpfung Verbindungs-technik maximal	Strecken-länge maximal
40GBASE-SR4	40 Gbit/s	OM3	1,9 dB	1,5 dB	100 m
		OM4	1,5 dB	1,0 dB	150 m
		OM5	1,5 dB	1,0 dB	150 m
100GBASE-SR4	100 Gbit/s	OM3	1,8 dB	1,5 dB	70 m
		OM4	1,9 dB	1,5 dB	100 m
		OM5	1,9 dB	1,5 dB	100 m
100GBASE-SR10	100 Gbit/s	OM3	1,9 dB	1,5 dB	100 m
		OM4	1,5 dB	1,0 dB	150 m
		OM5	1,5 dB	1,0 dB	150 m

Tabelle 7.5: Maximale Leitungslängen für die parallel-optischen Ethernet-Varianten mit Multimodefasern (G50/125) nach DIN EN 50173-1:2018-10 (Angaben ohne Gewähr). Die Längen nach IEEE 803.2 können abweichen.

Die Fasern der neuen Faserkategorie **OM5** können wie Singlemodefasern mehrere Lichtsignale verschiedener Wellenlängen gleichzeitig
übertragen. Wo für 40 und 100 Gigabit mehrere Multimodefasern der
Kategorie OM3 oder OM4 gleichzeitig genutzt werden, können OM5-
Fasern mehrere Datensignale gleichzeitig in derselben Faser übertragen, was den Verkabelungsaufwand verringert. Zur Zeit der Manuskripterstellung ist angedacht, mit OM5-Fasern 100 Gigabit Ethernet
über zwei Fasern und LC-Duplex-Stecker über 150 m und 400 Gigabit
Ethernet über acht Fasern und MPO-Stecker über 150 m zu übertragen.
OM5-Fasern sind vollständig rückwärtskompatibel zu OM3- und
OM4-Fasern.

Für eine einheitliche Bezeichnung mit den Faserkategorien der ISO/
IEC 11801:2017 wurde die Singlemode-Faserkategorie OS1 früherer
Ausgaben der DIN EN 50173-1 in der Ausgabe vom Oktober 2018 in
OS1a umbenannt. Die technischen Werte der Faser nach DIN EN
wurden dabei nicht verändert.

Ethernet-Variante	Daten-rate	Gesamt-Strecken-dämpfung maximal	Singlemodefasertyp (E9/125)	
			OS1a	OS2
1000BASE-LX	1 Gbit/s	4,56 dB	2 560 m	5 000 m
10GBASE-LR	10 Gbit/s	6,20 dB	4 200 m	10 000 m
10GBASE-LX4	10 Gbit/s	6,20 dB	4 200 m	10 000 m
10GBASE-ER	10 Gbit/s	10,90 dB	8 900 m	22 250 m
40GBASE-LR4	40 Gbit/s	6,70 dB	4 700 m	10 000 m
100GBASE-LR4	100 Gbit/s	8,30 dB	6 300 m	10 000 m
100GBASE-ER4	100 Gbit/s	18,00 dB	16 000 m	40 000 m

Tabelle 7.6: Maximale Leitungslängen mit Singlemodefasern (E9/125)
nach DIN EN 50173-1:2018-10 (Angaben ohne Gewähr).
Bei den Längen ist laut Norm eine Dämpfung von 2,0 dB für
die Verbindungstechnik (Stecker und Spleiße) vorgesehen.
Höhere Dämpfungswerte führen zu kürzeren Leitungslängen.
Die Längen nach IEEE 803.2 können abweichen.

Biegeunempfindliche Glasfasern in dünnen Kabeln bieten überall dort Vorteile, wo wenig Platz vorhanden ist. Auch bei recht engen Kurven und Biegungen erhöht sich die Faserdämpfung nicht oder nur unwesentlich, solange der geringe Mindestbiegeradius der Faser nicht unterschritten wird. Nicht alle biegeunempfindlichen Fasern sind kompatibel zu den Standardfasern – ein Blick ins Datenblatt oder eine Bestätigung des Herstellers schafft Klarheit. Andere Bezeichnungen sind **biegeoptimierte Faser** und **Biegeradien-unempfindliche Faser**. Bei der Kabelverlegung ist in erster Linie der Mindest-Biegeradius des Kabels zu beachten. Dieser ist meist größer als der der Faser!

DIN EN IEC 60793-2-10:2020-04 enthält ausführliche Vorgaben für Multimodefasern der Kategorien OM1 bis OM5 in Standard- und biegeunempfindlicher Ausführung sowie ein zugehöriges Bezeichnungsschema.

Bezeichnung der Faserkategorie nach		
DIN EN 50173-1:2018-10	**DIN EN IEC 60793-2-10:2020-04** (alte Bezeichnung nach IEC 60793-2-10:2017 in Klammer)	
	Standard-Ausführung	biegeunempfindliche Ausführung
OM1 (Kerndurchmesser 62,5 µm)	A1-OM1 (A1b)	keine (keine)
OM2 (Kerndurchmesser 50 µm)	A1-OM2a (A1a.1a)	A1-OM2b (A1a.1b)
OM3	A1-OM3a (A1a.2a)	A1-OM3b (A1a.2b)
OM4	A1-OM4a (A1a.3a)	A1-OM4b (A1a.3b)
OM5	A1-OM5a (A1a.4a)	A1-OM5b (A1a.4b)

Tabelle 7.7:   Normbezeichnungen von Multimodefasern.

Biegeunempfindliche Singlemodefasern sind in **ITU-T G.657** spezifiziert. Fasern der **G.657.A**-Serie sind laut einem ITU-Merkblatt vollständig mit den Standard-Fasern **G.652.D**, die den OS2-Fasern entsprechen, verträglich („compliant"). Fasern der **G.657.B**-Serie sind es mit leichten Einschränkungen auch („compatible"). In der Praxis kann dies zu Problemen führen, muss aber nicht.

Faserkategorie	Mindest-Biegeradius	Kompatibel zu Standard-Singlemodefaser G.652.D/OS2
G.657.A1	10 mm	ja („compliant")
G.657.A2	7,5 mm	ja („compliant")
G.657.B2	7.5 mm	mit Einschränkungen („compatible")
G.657.B3	5 mm	mit Einschränkungen („compatible")

Tabelle 7.8: Mindest-Biegeradien von biegeoptimierten Singlemodefasern nach ITU-T G.657:2016-11.

Die alte Fassung der DIN EN 50173-1 vom September 2011 definierte auch für Glasfasern **Übertragungsstreckenklassen**. Diese waren **OF-100**, **OF-300**, **OF-500**, **OF-2000**, **OF-5000** und **OF-10000**. Die Zahl gab die Mindestlänge in Metern an, über die die in der Norm aufgeführten Netzanwendungen übertragen werden können. Die Klassen basierten auf der Dämpfung der Übertragungsstrecke. Anders als bei Kupferverkabelungen, bei denen die maximale Länge der Übertragungsstrecke bis 10 Gigabit Ethernet einheitlich 100 m mit maximal vier Steckverbindungen und für 40 Gigabit Ethernet 30 m mit zwei Steckverbindungen beträgt, gibt es bei Glasfaserstrecken für die verschiedenen Übertragungsprotokolle unterschiedliche Leitungslängen. So konnte nach DIN EN 50173-1:2011-09 beispielsweise Gigabit Ethernet 1000BASE-SX über Fasern der Kategorie OM1 über bis zu 275 m übertragen werden, als zugehörige Übertragungsstreckenklasse wurde aber nur OF-100 zugeordnet, weil es keine Zwischenstufe zwischen OF-100 und OF-300 für Glasfasern gab. Eine Klasse **OF-200** gab es nur für Kunststofffasern. Das Konzept mit nur sechs Stufen wurde in der Praxis kaum angewandt, die zulässige Maximallänge ist dort viel wichtiger. In der Ausgabe der DIN EN 50173-1 vom Oktober 2018 sind die optischen Übertragungsstreckenklassen nicht mehr enthalten.

Um das Konzept der Übertragungsstreckenklassen bei Glasfaserstrecken nicht aufzugeben, wurde in der nationalen Norm: **DIN VDE 0800-173-100:2019-06** Informationstechnik – Anwendungsneutrale Kommunikationskabelanlagen – Teil 100: Klassifizierung von Lichtwellenleiter-Übertragungsstrecken eine neue Klassifizierung für LWL-Strecken definiert. Auch sie basiert auf den Dämpfungswerten der Übertragungsstrecke, unterscheidet aber zusätzlich zwischen verschiedenen Faserkategorien. DIN VDE 0800-173-100:2019-06 definiert 26 verschiedene Lichtwellenleiterklassen:

- **OMA-3** bis **OMF-3** für Multimodefasern der Kategorie OM3
- **OMA-4** bis **OME-4** für Multimodefasern der Kategorie OM4
- **OMA-5** bis **OME-5** für Multimodefasern der Kategorie OM5
- **OSA-1a** bis **OSE-1a** für Singlemodefasern der Kategorie OS1a
- **OSA-2** bis **OSE-2** für Singlemodefasern der Kategorie OS2

Um festzustellen, ob für eine Netzanwendung ein Fasertyp in einer bestimmten Länge geeignet ist, wird in einer Tabelle nachgeschlagen, welche Lichtwellenleiterklasse welche Netzanwendung unterstützt. Dann ist die zu erwartende Dämpfung der Strecke mit der in der Norm aufgeführten Formel anhand der Faserkategorie, ihrer Länge und der Anzahl der Stecker und Spleiße zu berechnen. Mit dem errechneten Dämpfungswert wird die zugehörige Lichtwellenleiterklasse bestimmt. Entspricht die ermittelte Klasse der für die Netzanwendung benötigten Klasse oder übertrifft sie sie, dann steht zu erwarten, dass die Übertragungsstrecke die Netzanwendung unterstützt. Ob die Lichtwellenleiterklassen nach DIN VDE 0800-173-100:2019-06 in der Praxis angenommen werden, wird sich zeigen.

In der Praxis ist eher der folgende pragmatische Ansatz üblich:

1. Maximal zulässige Dämpfung der Strecke für eine bestimmte Netzanwendung in DIN EN 50173-1:2018-10 nachschlagen.
2. Von diesem Wert wird die zulässige Dämpfung der Steckverbindungen und Spleiße der Strecke abgezogen (DIN EN 50173-1:2018-10 legt 0,75 dB pro Steckverbinder und 0,3 dB pro Spleiß fest); dies ergibt die zulässige Dämpfung durch die Faser.
3. Die zulässige Dämpfung durch die Faser wird geteilt durch die Dämpfung der Faser pro Kilometer gemäß DIN EN 50173-1, dies ergibt die maximale Länge der Übertragungsstrecke in Kilometern.

7.2.2 Kabeltypen

Bei **Bündeladerkabeln** sind die Glasfasern nur vom so genannten Primärcoating umgeben. Die so isolierten Fasern besitzen einen Außendurchmesser von etwa 240 bis 250 µm. Das Primärcoating ist eingefärbt, um die Fasern voneinander unterscheiden zu können. Bei einem Kabel mit **Zentralbündelader** liegen die Fasern (meist bis zu 12 oder 24) in einem gemeinsamen, größeren Röhrchen. Ein Kabel mit **verseilten Bündeladern** enthält mehrere Röhrchen mit typischerweise je bis zu 12 Fasern. In der Praxis trifft man bei beiden Kabeltypen aber durchaus auch auf andere Faserzahlen. Bei **Breakoutkabeln** besitzen die Aderisolierungen typischerweise einen Außendurchmesser zwischen 1,8 und 3,2 mm. Darüber kommt noch ein gemeinsamer Außenmantel. Eine platzsparende Variante ist das **Mini-Breakout**. Hier besitzen die Aderisolierungen typischerweise einen Durchmesser von 0,9 mm (900 µm).

Wenn der gemeinsame Außenmantel nicht unbedingt als mechanischer Schutz gebraucht wird, wird er bei **Patchkabeln** gerne weggelassen. Das macht das Kabel flexibler und günstiger. Das **Zipcord** besteht aus zwei isolierten Fasern, die über einen dünnen Steg miteinander verbunden sind. Die Adern haben typischerweise einen Außendurchmesser von 2,8 bis 3,2 mm und können bei Bedarf wie die beiden Seiten eines Reißverschlusses voneinander getrennt werden. Das **Minizip** ist ähnlich, nur dünner (Aderdurchmesser beispielsweise 1,8 mm) und eignet sich damit sehr gut für hohe Packungsdichten, wenn viele Anschlüsse auf engem Raum verbunden werden sollen.

Breakout-, Mini-Breakoutkabel, Zipcord und Minizip können Voll- oder Kompaktadern enthalten. Bei **Volladern** (engl. **tight buffer**) ist die Aderisolierung fester auf der Faser angebracht als bei **Kompaktadern** (engl. **semi-tight buffer**). Die Adertypen sehen gleich aus, Kompaktadern lassen sich jedoch leichter abisolieren; sie werden auch als semilose Vollader bezeichnet. Sollen nur Stecker montiert werden, werden meist Volladern verwendet; sollen die Fasern auch gespleißt werden, werden gerne Kompaktadern verwendet, da sie zum Spleißen auf eine größere Länge abisoliert („abgesetzt") werden können.

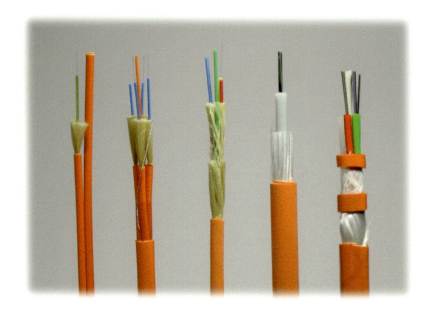

Bild 7.4: Beispiele für beliebte Glasfaserkabeltypen.
Von links nach rechts: Zipcord, Breakout, Mini-Breakout,
Zentralbündelader und verseilte Bündelader.

In Gebäuden können **Innenkabel** eingesetzt werden, im Außenbereich, wo mit Feuchtigkeit, Sonneneinstrahlung oder Nagetieren zu rechnen ist, bieten **Außenkabel** einen entsprechenden Schutz der Glasfasern. Da Außenkabel aus Brandschutzgründen meist nicht im Gebäude verlegt werden dürfen, sind **Universalkabel**, die für beide Umgebungen geeignet sind, recht beliebt. Sie bieten einen guten Schutz gegen Wasser und UV-Strahlen und dürfen je nach Ausführung auch direkt in der Erde verlegt werden. Andere Bezeichnungen für Universalkabel sind „**Außen-/Innenkabel**" oder „**Innen-/Außenkabel**".

DIN VDE V 0888-100-1-1:2017-10 definiert mit dem **Typenkurzzeichen** eine Folge von Buchstaben und Ziffern, die den Aufbau eines Glasfaserkabels kurz und genau beschreibt. In der Praxis werden noch weitere Buchstaben und Ziffern verwendet, die nicht in der Vornorm enthalten sind. Eine andere Bezeichnung ist **Kabelkurzzeichen**.

Häufig verwendete Buchstaben und Ziffern des Typenkurzzeichens:

A   = Außenkabel

J   = Innenkabel; in der Praxis wird gerne der Buchstabe „I" verwendet

I   = Innenkabel; ist so nicht in oben erwähnter Vornorm enthalten, wird aber in der Praxis oft verwendet

A/I = Außen-/Innenkabel, also Universalkabel; ist so nicht in oben erwähnter Vornorm enthalten, wird aber in der Praxis oft verwendet

U   = Universalkabel für innen und außen

D   = Bündelader, gefüllt

V   = Vollader

K   = Kompaktader; ist so nicht in oben erwähnter Vornorm enthalten, wird aber in der Praxis gerne verwendet

Q   = trockenes Quellmittel, beispielsweise wasserabsorbierendes Quellvlies

(ZN) = metallfreie Zugentlastungselemente

B   = Bewehrung („Nagetierschutz")

H   = halogenfreier Mantel; sind wie bei Breakout-Kabeln zwei halogenfreie Mäntel vorhanden, wird in der Praxis manchmal „HH" geschrieben

2Y = Mantel aus Polyethylen

Bei Breakoutkabeln ist die Aderisolierung dick genug, um Ziffern für die Kennzeichnung der einzelnen Fasern aufzudrucken, doch schon beim Mini-Breakout wird das schwierig und bei Bündeladern ist es völlig unmöglich. Wo der Platz für eine Ziffernbedruckung nicht ausreicht, ist die Faserisolierung eingefärbt. Verschiedene Normen sehen unterschiedliche Farbcodes. Sie verwenden meist dieselben Farben, nur die Reihenfolge ist verschieden. Die Farben sind in **IEC 60304** festgelegt, nicht jedoch deren Reihenfolge. Die in Deutschland gebräuchlichsten Farbcodes sind in **DIN VDE V 0888-100-1-1:2017-10** und in **DIN EN 50174-1:2018-10** festgelegt.

Farbreihenfolge nach DIN EN 50174-1:2018-10	Faser-nummer	Farbreihenfolge nach DIN VDE V 0888-100-1-1:2017-10
Blau	1	Rot
Gelb	2	Grün
Rot	3	Blau
Weiß	4	Gelb
Grün	5	Weiß
Violett	6	Grau
Orange	7	Braun
Grau	8	Violett
Türkis	9	Türkis
Schwarz	10	Schwarz
Braun	11	Orange
Rosa	12	Rosa

Tabelle 7.9: Gebräuchliche Faserfarbcodes.

DIN VDE V 0888-100-1-1:2017-10 legt die Farben der Bündeladern fest, um deren Reihenfolge zu kennzeichnen. Das erste Röhrchen ist das **Zählelement** und gibt an, wo begonnen wird; das zweite ist der **Zählrichtungsanzeiger** und legt fest, in welcher Richtung gezählt wird. Die Farbe der weiteren Röhrchen steht für die Fasertype. Bei nur zwei Bündeladern können sie beliebige verschiedene Farben haben.

Bündelader	Farbe
Nr. 1 („Zählelement")	Rot
Nr. 2 („Zählrichtungsanzeiger")	Weiß
Nr. 3 und weitere bei Singlemodefasern	Gelb
Nr. 3 und weitere bei Multimodefasern G50/125	Grün
Nr. 3 und weitere bei Multimodefasern G62,5/125	Blau
Blindelemente (statt Bündeladern)	beliebig, aber unverwechselbar mit den obigen Farben

Tabelle 7.10: Farbkennzeichnung von Bündeladern
nach DIN VDE V 0888-100-1-1:2017-10.

Für den Kabelmantel haben sich in der Praxis folgende Farben eingebürgert, die jedoch nicht einheitlich verwendet werden:

Fasertyp	Innenkabel	Universalkabel	Außenkabel
Multimode OM1	orange	orange	schwarz
Multimode OM2	orange	orange	schwarz
Multimode OM3	türkis („aqua")	türkis („aqua")	schwarz
Multimode OM4	erikaviolett	erikaviolett	schwarz
Multimode OM5	lindgrün	lindgrün	schwarz
Singlemode generell	gelb	gelb	schwarz

Hinweis: *Nicht alle Hersteller halten sich an diese Farbzuordnung. So kann es durchaus vorkommen, dass ein Kabel mit türkisfarbenem Mantel OM4-Fasern enthält oder dass Glasfaserkabel generell mit orangefarbenem Mantel geliefert werden. Aufschluss gibt hier letztendlich die Bedruckung auf dem Kabelmantel.*

Tabelle 7.11: Gebräuchliche Mantelfarben bei Glasfaserkabeln.

7.2.3 Stecker und Paarpositionierungen

Trotz der Vielfalt an verschiedenen Glasfasersteckern sind in IT-Infrastrukturen vor allem drei Typen gebräuchlich:

- **ST**: Einzelstecker, wird durch Drehen der äußeren Metall-
  hülse verriegelt (sog. Bajonettverriegelung); hauptsächlich in
  älteren Netzen anzutreffen
- **SC**: Ausführung als Einzel- oder Duplexstecker, automatische
  Verriegelung beim Stecken (sog. Push-Pull-Verriegelung,
  engl. push = drücken, pull = ziehen); bei Duplex-Ausführun-
  gen sorgen Führungsnasen dafür, dass der Stecker nicht falsch
  herum eingesteckt werden kann
- **LC**: Ausführung als Einzel- oder Duplexstecker, automatische
  Verriegelung durch Rasthaken wie beim RJ45; wie beim SC
  Duplex sorgen auch beim LC Duplex Führungsnasen dafür,
  dass er nicht verkehrt (verdreht) eingesteckt werden kann. Der
  LC Duplex beansprucht in etwa so viel Platz wie ein RJ45,
  was zu seiner großen Verbreitung beigetragen haben dürfte.

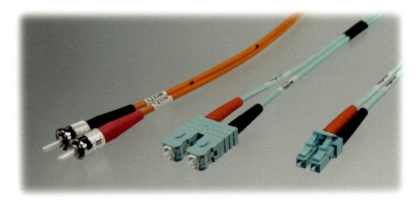

Bild 7.5: Beispiele für die gebräuchlichsten Glasfaserstecker für IT-Infrastrukturen: ST (links), SC Duplex (Mitte) und LC Duplex (rechts).

ST-, SC- und LC-Stecker enthalten jeweils eine einzelne Faser, weshalb sie auch als **Einzelfaserstecker** bezeichnet werden, im Gegensatz beispielsweise zum MPO, der mehrere Fasern enthält.

Zwei Glasfaserstecker in einer Kupplung berühren sich (engl. **physical contact**, kurz: **PC**), damit das Licht von einer Glasfaser mit möglichst geringen Verlusten in die andere Faser gelangt. Sie werden in der Praxis gerne als **Geradschliffstecker** bezeichnet. Das ist streng genommen nicht korrekt, da die Stirnfläche der Ferrule – die Hülse, die die Glasfaser enthält – für einen besseren Lichtübergang nicht eben, sondern leicht nach außen gewölbt („ballig") geschliffen ist. In der Praxis hat sich jedoch der Begriff Geradschliffstecker eingebürgert.

Stecker für Singlemodefasern sind auch in **Schrägschliff**-Ausführung (Bezeichnung **APC** für **angled physical contact**, auch **asymmetrical physical contact** oder **aspherical physical contact**) erhältlich. Durch die schräge Stirnfläche soll verhindert werden, dass Lichtstrahlen, die an den Oberflächen der Stecker reflektiert werden, in den lichtführenden inneren Bereich der Faser zurückgelangen, wo sie die Übertragung stören könnten. Der **Schliffwinkel** beträgt typischerweise 8°, es gibt jedoch auch APC-Stecker mit anderen Schliffwinkeln! Bei APC-Steckern ist darauf zu achten, dass nur Stecker mit demselben Schliffwinkel zusammengesteckt werden, um Probleme bei der Datenübertragung zu vermeiden. Stecker in **UPC**-Ausführung (**ultra physical contact** oder **ultra polished contact**) sind besonders gut polierte PC-Stecker. Durch die aufwendige Politur weisen sie bessere optische Werte auf als die Standard-PC-Stecker.

DIN EN 50173-1:2018-10 empfiehlt, Stecker und Kupplungen mit unterschiedlichen Farben für verschiedene Glasfaserkategorien zu verwenden, gibt jedoch nur blau für Singlemodestecker mit geradem Schliff (genauer: balligem Schliff, PC) und grün für Singlemodestecker mit schrägem Schliff (APC) vor. ANSI/TIA-568.3-D enthält darüber hinaus Farben für Multimodestecker.

Stecker/Kupplung für Fasern der Kategorie ...	DIN EN 50173-1:2018	ISO/IEC 11801-1:2017	ANSI/TIA-568.3-D	Farbe in der Praxis oft (aber nicht immer)
Multimode OM1	unterschiedliche Farben für verschiedene Faserkategorien empfohlen, keine Festlegung	beige für **Multimode 50 µm**, unterschiedliche Farben für verschiedene Faserkategorien empfohlen	beige	beige
Multimode OM2			schwarz	beige oder schwarz
Multimode OM3			türkis („aqua")	türkis („aqua")
Multimode OM4			türkis („aqua")	erikaviolett (selten: schwarz)
Multimode OM5			lindgrün	lindgrün
Singlemode PC	blau	blau	blau	blau
Singlemode APC	grün	grün	grün	grün

Tabelle 7.12: Typische Farben für Glasfaser-Steckverbinder.

IEC 61753-1 und deren deutsche Ausgabe **DIN EN IEC 61753-1** legen **Güteklassen** (engl. **grades**) für Dämpfung und Rückflussdämpfung von Glasfasersteckern fest. Die Kombination von Klasse und Stufe ist prinzipiell beliebig, auch wenn in der Praxis nicht alle denkbaren Kombinationen sinnvoll sein mögen. In DIN EN IEC 61753-1:2019-10 sind noch nicht alle Zahlenwerte festgelegt.

Dämpfung	Steckverbinder für Singlemodefasern Dämpfung bei 1310 nm, 1550 nm und 1625 nm
Klasse A	noch nicht festgelegt
Klasse B	max. 0,12 dB Mittelwert max. 0,25 dB Höchstwert für mind. 97 % der Verbindungen
Klasse C	max. 0,25 dB Mittelwert max. 0,5 dB Höchstwert für mind. 97 % der Verbindungen
Klasse D	max. 0,5 dB Mittelwert max. 1,0 dB Höchstwert für mind. 97 % der Verbindungen

Rückfluss- dämpfung	Steckverbinder für Singlemodefasern Rückflussdämpfung bei 1310 nm, 1550 nm u. 1625 nm
Stufe 1	min. 60 dB gesteckt und min. 55 dB ungesteckt
Stufe 2	mind. 45 dB
Stufe 3	mind. 35 dB
Stufe 4	mind. 26 dB

Dämpfung	Steckverbinder für Multimodefasern Dämpfung bei 850 nm
Klasse A_m	noch nicht festgelegt
Klasse B_m	max. 0,3 dB Mittelwert max. 0,6 dB Höchstwert für mind. 97 % der Verbindungen
Klasse C_m	max. 0,5 dB Mittelwert max. 1,0 dB Höchstwert für mind. 97 % der Verbindungen
Klasse D_m	noch nicht festgelegt

Rückfluss- dämpfung	Steckverbinder für Multimodefasern Rückflussdämpfung bei 850 nm
Stufe 1_m	noch nicht festgelegt
Stufe 2_m	mind. 20 dB

Tabelle 7.12: Güteklassen nach DIN EN IEC 61753-1:2019-10 für wahlfrei zusammengefügte Glasfasersteckverbinder. Prüfungen von Singlemodesteckern bei 1625 nm sind wahlfrei für Unternehmensanwendungen, aber gefordert für Trägeranwendungen; die Norm enthält jedoch keine Definition dieser Anwendungen. Dämpfungsklassen für feldmontierbare Singlemodestecker sind nach DIN EN IEC 61753-1:2019-10 in Beratung.

LC- und SC-Stecker besitzen Nasen und die zugehörigen Kupplungen Einkerbungen, damit die Stecker in der richtigen Orientierung eingesteckt werden. Dies ist wichtig, um Senden und Empfangen korrekt miteinander zu verbinden. Anhang B der DIN EN 50174-1:2018-10 bezeichnet Nuten und Nasen als **Kodierung** (engl. **key**). Die Steckplätze und die Stecker sind mit den Buchstaben „A" und „B" gekennzeichnet. IEEE 802.3 legt die Zuordnung für Senden (Tx von engl. transmit) und Empfangen (Rx von engl. receive) fest.

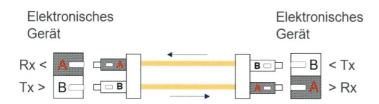

Bild 7.6: Position A und B von Stecker und Kupplungen sowie deren Zuordnung zu Senden (Tx) und Empfangen (Rx).

DIN EN 50174-1:2018-10 enthält zwei verschiedene Methoden, die die Verbindung A auf B und damit Senden auf Empfangen über die gesamte Übertragungsstrecke sicherstellen. Bei der **symmetrischen Positionierung** ist die Faserreihenfolge an beiden Enden der Installationsstrecke identisch. Die Kupplungen sind an einem Ende kopfüber montiert. Damit ergibt sich an einem Ende die Folge A-B, A-B, … und am anderen Ende B-A, B-A, … Die symmetrische Positionierung ist in ISO/IEC 14763-2:2019-12 als **symmetrical position method** und in ANSI/TIA-568.3-D als **consecutive-fiber positioning** enthalten Bei der **umgedrehten Paarpositionierung** ist die Faserreihenfolge an den Enden paarweise vertauscht, beispielsweise rote Faser an einem Ende in Position 1, am anderen Ende in Position 2; grüne Faser an einem Ende in Position 2, am anderen Ende in Position 1, usw. Die Kupplungen sind an beiden Enden gleich montiert. Damit ergibt sich an beiden Enden die Zuordnung A-B, A-B, … oder B-A, B-A, … Die umgedrehte Paarpositionierung ist in ISO/IEC 14763-2:2019-12 als **reverse-pair method** und in ANSI/TIA-568.3-D als **reverse-pair positioning** enthalten.

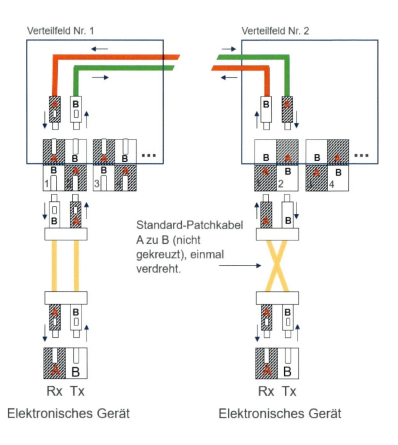

Bild 7.7: Beispiel für die **symmetrische Paarpositionierung**.

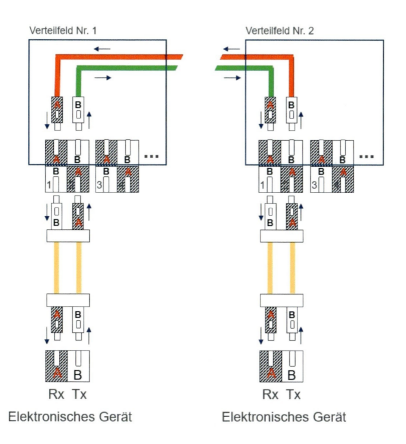

Bild 7.8: Beispiel für die **umgedrehte Paarpositionierung**.

In der Praxis wird jedoch oftmals vollkommen gleichsinnig installiert. Bei dieser **identischen Paarpositionierung** ist die Faserreihenfolge an beiden Enden der Installationsstrecke gleich, die Kupplungen sind an beiden Enden gleichsinnig montiert. Netzstruktur und deren Dokumentation sind dadurch sehr einfach. Um Senden und Empfangen korrekt zuzuordnen, wird an einem Ende der Strecke beim Patchkabel an beiden Enden einer Faser Stecker A und an beiden Enden der anderen Faser Stecker B montiert ist (**A-A-Patchkabel**).

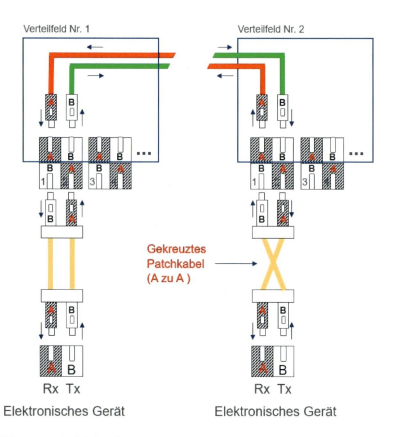

Bild 7.9: Beispiel für die **identische Paarpositionierung** der Installationsstrecke; an einem Ende muss ein gekreuztes Patchkabel (A-A-Patchkabel) verwendet werden, um Senden und Empfangen richtig zuzuordnen.

7.2.4 Vorkonfektionierte Verkabelung mit MPO-Stecker

MPO steht für **multifiber push-on** (auch **multipath push-on** oder **multiple-fibre push-on**), was auf Deutsch etwa mit „selbstverriegelnder Mehrfaserstecker" übersetzt werden kann. MPO ist die normkonforme Bezeichnung dieses Steckverbindertyps. MTP® ist ein eingetragenes Warenzeichen der Firma US Conec. MPO- und MTP®-Steckverbinder sind laut US Conec steckkompatibel zueinander.

Die Zentrierung zweier MPO/MTP®-Stecker erfolgt durch **Führungsstifte** (engl. **pins**). Dabei wird immer ein Stecker mit Stiften (**pinned**, „**male**") mit einem ohne Stifte (**unpinned**, „**female**") verbunden. Stecker mit Stiften finden sich typischerweise auf der Netzwerkseite einer Verkabelung, beispielsweise in der Buchse des Verteilfelds oder der aktiven Netzwerkkomponente; Patchkabel haben in der Regel Stecker ohne Stifte. In der Praxis kann es aber auch durchaus anders angetroffen werden, und so ist es ratsam, sich zu vergewissern, bevor man ein neues Kabel einsteckt. Dabei sollte man zuvor sicherstellen, dass die Strecke außer Betrieb ist!

MPO-Stecker sind durch eine **Führungsnase** (**Kodierung**, engl. **key**) verdrehsicher. In Datennetzen enthalten sie typischerweise 12 Fasern in einer Ebene, Varianten mit anderen Faserzahlen finden jedoch zunehmend Verbreitung, beispielsweise mit 24 Fasern in zwei Ebenen mit je 12 Fasern. In den Steckern sind die Positionen der Fasern festgelegt, was den Pins der Kupferstecker entspricht. Wie bei der Kupfertechnik, bei der die Adern eines Kabels den Pins der Steckverbinder auf verschiedene Weise zugeordnet werden können, können auch die Glasfasern eines Kabels den Positionen im Stecker unterschiedlich zugeordnet werden (siehe Methode A, B und C weiter unten).

Bild 7.10: Beispiel für einen 12-faserigen (links) und einen 24-faserigen
MPO-Stecker (rechts) mit den jeweiligen Faserpositionen
(nicht verwechseln mit den Fasernummern des Kabels!).
(Produktfotos: Telegärtner).

In vielen Projekten der Gebäudeverkabelung und in Rechenzentren
werden vorkonfektionierte Glasfaserkabel mit MPO-Stecker an beiden
Enden (so genannte **Trunkkabel**) verlegt. Dadurch entfallen aufwendige Arbeiten für die Steckermontage vor Ort und für das Spleißen
von Pigtails. Um von 12-faserigen MPO-Steckern auf einfaserige
Stecker wie den LC oder SC umzusetzen, werden in den Verteilfeldern gerne **Fanout-Module** verwendet, die hinten einen oder
mehrere MPO/MTP®-Anschlüsse und auf der Vorderseite beispielsweise LC-Duplex- oder SC-Duplex-Anschlüsse besitzen. Die Zuordnung der einzelnen Fasern erfolgt im Modul. Die Module werden oft
auch als **MPO-Kassetten** bezeichnet. Werden aktive Netzwerkkomponenten mit hoher Portdichte, also mit vielen Anschlüssen auf engem
Raum, eingesetzt, werden statt Fanout-Modulen auch **Aufteilkabel**
(andere Bezeichnung: **Fanout-** oder **Harness-Kabel**) verwendet, die
an einem Ende einen MPO- und am anderen LC- oder SC-Stecker
besitzen. Die LC- oder SC-Stecker werden dabei in die Anschlüsse der
aktiven Komponente gesteckt und bleiben dort; wird die Komponente
versetzt, wird lediglich die MPO-Steckverbindung getrennt, was Zeit
spart und Fehler vermeidet – statt beispielsweise 144 LC-Stecker oder
72 LC-Duplex-Stecker - aus- und wieder einzustecken, müssen nur 12
MPO-Verbindungen gesteckt werden.

Bild 7.11: Beispiele für ein Aufteilkabel mit 12 Fasern und MPO/MTP®- und SC-Steckern links) und für ein Fanout-Modul für 24 Fasern mit Anschlüssen für MPO/MTP®- und LC-Duplex-Stecker (rechts). Die Seitenwand des Moduls wurde zur Veranschaulichung entfernt. Gut sichtbar sind die Fasern, welche die MPO- und die LC-Kupplungen miteinander verbinden. (Produktfotos: Telegärtner).

Die amerikanische Norm ANSI/TIA-568.3-D legt drei Arten fest, wie die Fasern eines 12-faserigen MPO-Steckers den jeweiligen Einzelfasersteckern im Fanout-Modul zugeordnet werden können: **Methode A, B** und **C**. DIN EN 50174-1:2018-10 beschreibt die Methode B ausführlich, bezeichnet sie jedoch nicht so und lässt andere Methoden ebenfalls zu. Bei den einzelnen Methoden wird die Orientierung der MPO-Stecker in der Kupplung berücksichtigt: Liegen die Führungsnasen (engl. „key") beider Stecker auf derselben Seite, spricht man von **„key up to key up"** („Nase oben auf Nase oben") oder **„key down to key down"** („Nase unten auf Nase unten"), wenn man die Steckverbindung auf den Kopf stellt. Liegen die Nasen auf verschiedenen Seiten, spricht man von **„key up to key down"** („Nase oben auf Nase unten"). Da die Positionen der einzelnen Fasern in MPO-Steckern festgelegt sind, entscheidet die Orientierung der Stecker (Nase oben oder Nase unten), welche Fasern in der Steckverbindung miteinander verbunden werden. So kann beispielsweise eine Faser an einem Kabelende in Faserposition 1 im Stecker zu liegen kommen und am anderen Ende in Faserposition 1, 2 oder 12. Werden Komponenten der verschiedenen Methoden innerhalb derselben Übertragungsstrecke gemischt, können sich daraus enorme Probleme ergeben.

Bei **Methode A** werden durchgehend Fasern mit derselben Position und Nummer verbunden, also immer Faser 1 mit Faser 1, etc., was Dokumentation und Verwaltung deutlich vereinfacht.
An einem Ende wird ein Sonder-Patchkabel verwendet, bei dem Stecker A mit A und Stecker B mit B verbunden ist.

Bei **Methode B** wechselt die Faserposition mit jeder Steckverbindung, Faser 1 wird mit Faser 12 verbunden, Faser 2 mit Faser 11, etc. Die Kupplungen der Verteilfelder müssen an beiden Enden gegensinnig eingebaut werden, sie stehen vereinfacht gesprochen an einem Ende auf dem Kopf. Je nach Hersteller wird das gesamte Modul auf den Kopf gestellt.

Bei **Methode C** werden die Fasern paarweise im verlegten Kabel ausgekreuzt, Faser 1 mit Faser 2 verbunden und umgekehrt, Faser 3 mit Faser 4 und umgekehrt, etc. Dies kann bei der Einführung neuer Systeme wie 40 und 100 Gigabit Ethernet (40GBASE-SR4 und 100-GBASE-SR10), die mehrere Fasern gleichzeitig nutzen (engl. parallel optics), Probleme oder zumindest einen erhöhten Aufwand verursachen. Methode C wird daher heutzutage nur noch selten verwendet.

Darüber hinaus gibt es noch herstellerspezifische Methoden, die eine eigene, spezielle Faserzuordnung besitzen und oft nicht kompatibel zu den genormten Methoden sind. Eine gute Dokumentation ist bei MPO-Verkabelungen unerlässlich. Darüber hinaus empfiehlt es sich, vorhandene Strecken vor einer Erweiterung auf ihre Polarität zu überprüfen. Es gibt Messgeräte, die die Faserzuordnungen anzeigen oder die Verkabelungsmethode ermitteln können.

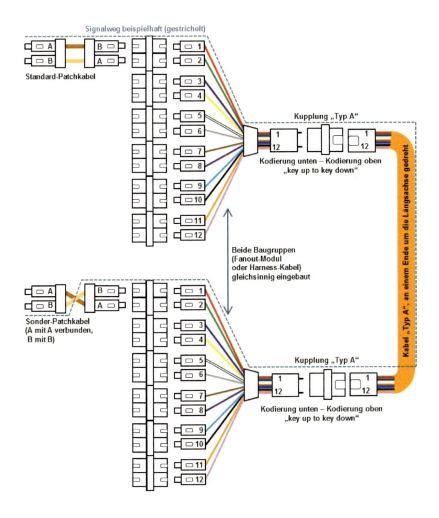

Bild 7.12: Beispiel für eine MPO/MTP®-Verkabelung mit Fanout-Modulen/
Aufteilkabeln nach **Methode A**.
Bei Methode A werden durchgehend Fasern mit derselben Posi-
tion und Nummer verbunden, also immer Faser 1 mit Faser 1, etc.,
was Dokumentation und Verwaltung deutlich vereinfacht.
An einem Ende wird ein Sonde-Patchkabel verwendet, bei dem
Stecker A mit A und Stecker B mit B verbunden ist.
In der Praxis sind auch andere Faserfarbzuordnungen anzutreffen.

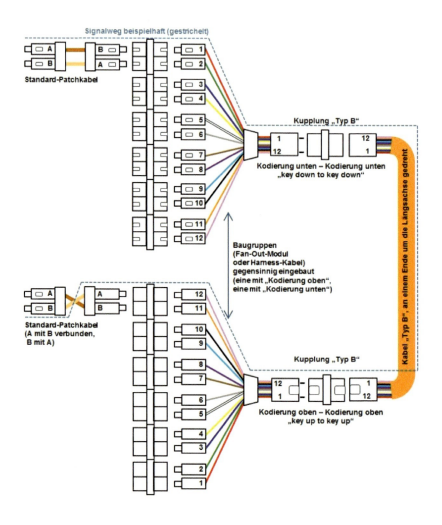

Bild 7.13: Beispiel für eine MPO/MTP®-Verkabelung mit Fanout-Modulen/ Aufteilkabeln nach **Methode B**.
Bei Methode B wechselt die Faserposition mit jeder Verkabelungskomponente, Faser 1 wird mit Faser 12 verbunden, Faser 2 mit Faser 11, etc. Die Kupplungen der Verteilfelder müssen an beiden Enden gegensinnig eingebaut werden, sie stehen vereinfacht gesprochen an einem Ende auf dem Kopf.
In der Praxis sind auch andere Faserfarbzuordnungen anzutreffen.

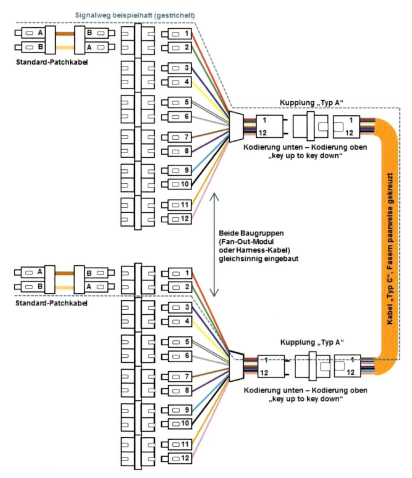

Bild 7.14: Beispiel für eine MPO/MTP®-Verkabelung mit Fanout-Modulen/ Aufteilkabeln nach **Methode C**.

Bei Methode C werden die Fasern paarweise im verlegten Kabel ausgekreuzt, Faser 1 mit Faser 2 verbunden und umgekehrt, Faser 3 mit Faser 4 und umgekehrt, etc. Da diese Methode Probleme oder zumindest einen erhöhten Aufwand bei der Einführung von Systemen mit parallel genutzten Fasern (parallel optics) wie 40 und 100 Gigabit Ethernet (40GBASE-SR4 und 100GBASE-SR10) verursachen kann, wird Methode C heutzutage allenfalls selten verwendet.

In der Praxis sind auch andere Faserfarbzuordnungen anzutreffen.

Methode	MPO-Kupplung	Faser-zuordnung	Fanout-Modul	2-faserige Patchkabel
A	key up to key down	1 auf 1, 2 auf 2, usw.	an beiden Enden der Verkabelung gleich	an einem Ende der Verkabelung mit Stecker-zuordnung A – A
B	key up to key up	1 auf 12, 2 auf 11, usw.	an einem Ende um 180 ° gedreht eingebaut oder anderer Modultyp	an beiden Enden gleich
C	key up to key down	1 auf 2, 2 auf 1, usw. (paarweise gekreuzt)	an beiden Enden der Verkabelung gleich	an beiden Enden gleich

Tabelle 7.14: Die Methoden A, B und C einer MPO-Verkabelung mit Fanout-Modulen im Überblick.

MPO-Module werden typischerweise in Baugruppenträger eingeschoben, die 1 oder 3 **Höheneinheiten** (**HE**) hoch sind. 1 HE entspricht ca. 4,45 cm.

Verschiedene Varianten von 40 und 100 Gigabit Ethernet verwenden MPO/MTP®-Stecker und Kabel mit ungekreuzten, parallel angeschlossenen Fasern. Für eine möglichst einfache Migration zu diesen Hochleistungsnetzen werden in der Praxis mittlerweile bevorzugt MPO/MTP®-Verkabelungen nach Methode A oder B verlegt. Bei MPO-Verkabelungen mit Fanout-Modulen besitzen die Trunkkabel meist Stecker ohne Pins, da die Fanout-Module Stecker mit Pins enthalten. Bei Verkabelungen mit durchgehend 12- oder 24-faserigen Kabeln und MPO-Steckern besitzen die Trunkkabel meist Stecker mit Pins, da sie auf der Rückseite („Netzseite") des Patchfeldes eingesteckt werden und die MPO-Patchkabel Stecker ohne Pins haben sollten. Dies kann in der Praxis durchaus anders gehandhabt werden, besonders, wenn vorhandene MPO-Kabel bei der Migration zu 40/100 Gigabit Ethernet mit MPO-Stecker weiterverwendet werden.

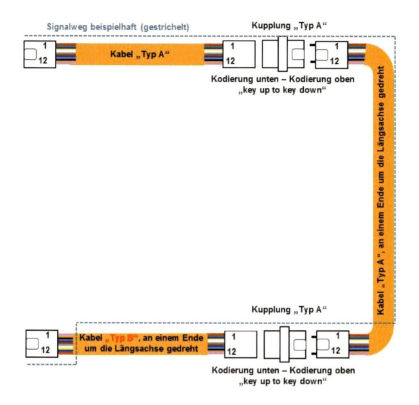

Bild 7.15: Beispiel für eine MPO/MTP®-Verkabelung mit MPO/MTP®-Patchkabeln nach **Methode A**.
Bei Methode A werden durchgehend Fasern mit derselben Position und Nummer verbunden, also immer Faser 1 mit Faser 1, etc., was Dokumentation und Verwaltung deutlich vereinfacht. An einem Ende wird ein Patchkabel nach Methode B (key up to key up) verwendet.
Bei Verkabelungen, die durchgängig MPO-Stecker verwenden, besitzen die Trunkkabel in der Regel Stecker mit Pins. Die Praxis kann davon jedoch abweichen.
In der Praxis sind auch andere Faserfarbzuordnungen anzutreffen.

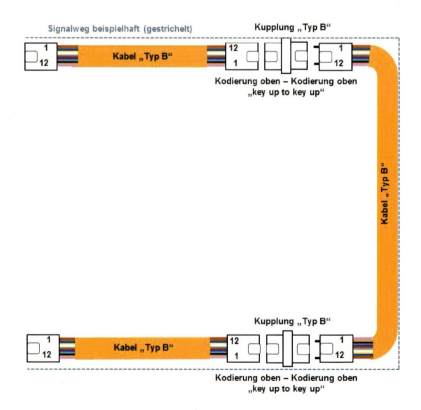

Bild 7.16: Beispiel für eine MPO/MTP®-Verkabelung mit MPO/MTP®-
Patchkabeln Aufteilkabeln nach **Methode B**.
Bei Methode B wechselt die Faserposition mit jeder Verkabelungskomponente, Faser 1 wird mit Faser 12 verbunden, Faser 2
mit Faser 11, etc.
Bei Verkabelungen, die durchgängig MPO-Stecker verwenden,
besitzen die Trunkkabel in der Regel Stecker mit Pins. Die Praxis
kann davon jedoch abweichen.
In der Praxis sind auch andere Faserfarbzuordnungen anzutreffen.

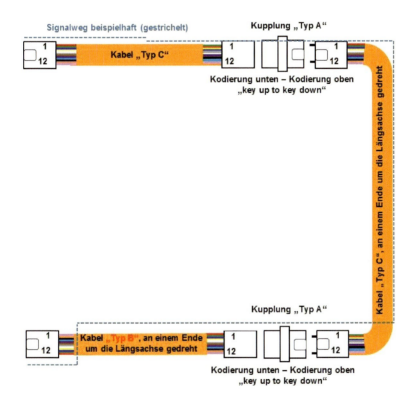

Bild 7.17: Beispiel für eine MPO/MTP®-Verkabelung mit MPO/MTP®-Patchkabeln nach **Methode C**.
Bei Methode C werden die Fasern paarweise im verlegten Kabel ausgekreuzt, Faser 1 mit Faser 2 verbunden und umgekehrt, Faser 3 mit Faser 4 und umgekehrt, etc.
An einem Ende wird ein Patchkabel nach Methode B (key up to key up) verwendet.
Bei Verkabelungen, die durchgängig MPO-Stecker verwenden, besitzen die Trunkkabel in der Regel Stecker mit Pins. Die Praxis kann davon jedoch abweichen.
In der Praxis sind auch andere Faserfarbzuordnungen anzutreffen.

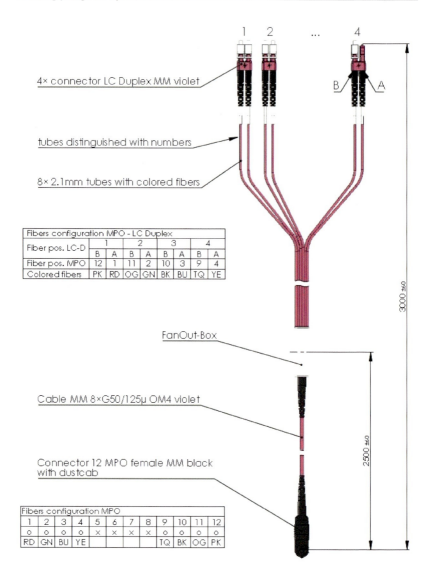

Fibers configuration MPO - LC Duplex								
Fiber pos. LC-D	1		2		3		4	
	B	A	B	A	B	A	B	A
Fiber pos. MPO	12	1	11	2	10	3	9	4
Colored fibers	PK	RD	OG	GN	BK	BU	TQ	YE

Fibers configuration MPO											
1	2	3	4	5	6	7	8	9	10	11	12
○	○	○	○	×	×	×	×	○	○	○	○
RD	GN	BU	YE					TQ	BK	OG	PK

Bild 7.18: Beispiel für ein MPO-Harnesskabel mit nur acht Fasern.
Manche Switchanschlüsse für 40 Gigabit Ethernet mit MPO lassen sich auf vier getrennte 10 Gigabit Ethernet-Kanäle aufteilen.
Hierfür werden nur acht Fasern benötigt.
(Zeichnung: Telegärtner).

7.3 Netzwerk-Switches

Switches werden in der Praxis oft nach ihrer Position im Netzwerk bezeichnet. „Core-Switch" oder „Edge-Switch" sind keine Typenbezeichnungen, sie geben lediglich die Funktion des Switches an, die sich meist daraus bestimmt, wo der Switch im Netz arbeitet. Es kommt durchaus vor, dass ein Switch aus einem Verteiler aus- und in einen anderen eingebaut wird und damit eine andere Funktion übernimmt. So kann beispielsweise in einem kleineren Netz der Core-Switch aus dem Hauptverteiler in den Etagenverteiler versetzt werden, wo er dann als Edge-Switch für den Anschluss der Endgeräte dient. Eine andere Verwendung der Begriffe wie auch andere Bezeichnungen als die hier dargestellten sind in der Praxis ebenso anzutreffen.

Core-Switch

Die zentralen Switches eines Netzwerks werden häufig als **Core-Switches** bezeichnet (engl. core = Kern). Sie befinden sich typischerweise im Hauptverteiler des Netzes. Router und die Verbindung zu den Switches in den anderen Verteilern (Etagen- oder Gebäudeverteiler) werden an sie angeschlossen. In Netzwerken für Büro- und Verwaltungsgebäuden, für Hochschulen, Krankenhäuser und industrielle Standorte werden oft auch die Sever an die Core-Switches angeschlossen. In Rechenzentren findet man meist einen anderen Netzaufbau, dort werden die Server oft als Endgeräte betrachtet und an die Access-Switches angeschlossen.

In großen Netzen sind Core-Switches oft **modular** aufgebaut, das heißt, sie bestehen aus einem Grundgehäuse und Einschubmodulen. Die Module unterscheiden sich voneinander in ihrer Funktion und in der Anzahl und Art der Anschlüsse, die sie zur Verfügung stellen. Da der Bedarf an Anschlüssen für die kommenden Jahre nicht unbedingt sicher vorausgesagt werden kann, finden sich in der Praxis häufig so genannte **Stackable Switches**. Dabei handelt es sich um eigenständige

Switches mit 24 oder mehr Anschlüssen, die zu einem gemeinsamen Switch zusammengeschaltet werden können (engl. stack = Stapel). In vielen Fällen ist eine Lösung mit Stackable Switches, die bedarfsabhängig ausgebaut wird, wirtschaftlicher als eine Lösung mit modularen Switches. Dies muss jedoch projektspezifisch geprüft werden.

Bild 7.19: Beispiel für einen Core-Switch.
(Produktfoto: MICROSENS).

Edge-Switch/Access-Switch

Das englische Wort *edge* bedeutet Rand oder Kante. **Edge-Switches** stellen Endgeräten wie PCs, Drucker, IP-Kameras und dergleichen den Zugang zum Netz zur Verfügung und sind daher bildlich gesprochen am Rand des Netzwerkes anzutreffen. Eine andere Bezeichnung für einen Edge-Switch ist **Access-Switch** (engl. access = Zugang, Zutritt), da er den Endgeräten den Zugang zum Netz ermöglicht. In Rechenzentren werden Server typischerweise als Endgeräte betrachtet und daher an Access-Switches angeschlossen.

Bild 7.20: Beispiel für einen Edge-/Access-Switch.
(Produktfoto: MICROSENS).

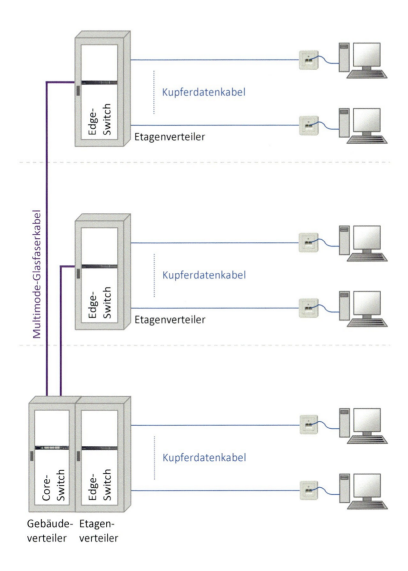

Bild 7.21: Beispiel für ein einfaches Netzwerk mit Core- und Edge-
Switches.
(Produktfotos: MICROSENS, Telegärtner).

Für eine erhöhte Ausfallsicherheit des Netzes können die Edge-Switches auf den Etagen mit verschiedenen Core-Switches verbunden werden. Wenn die Kabel auf verschiedenen Wegen durch das Gebäude geführt werden, erhöht das die Ausfallsicherheit noch weiter. Die zusätzlichen Verbindungen müssen per Software berücksichtigt werden. Nicht alle Switches eignen sich für mehrfache Verbindungen.

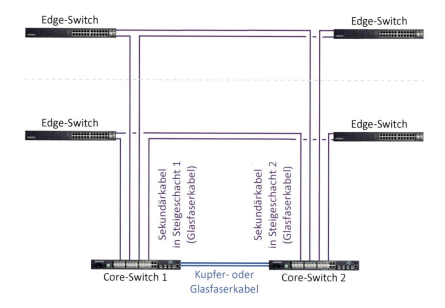

Bild 7.22: Beispiel für ein Netzwerk mit erhöhter Ausfallsicherheit durch zusätzliche (redundante) Verbindungen zwischen den Switches. Die Server besitzen mehrere Netzwerkanschlüsse und sind mit beiden Core-Switches verbunden. (Produktfotos: MICROSENS).

Aggregation-Switch/Distribution-Switch

In großen Netzen werden oft Switches zwischen Core- und Access-Switch eingefügt. Die **Aggregation-Switches** (engl. aggregation = Anhäufung, Ansammlung) bündeln die Verbindungen zu den Core-Switches. Sie entlasten die Core-Switches und tragen dazu bei, ein möglichst wirtschaftliches Netz aufzubauen. Teilt man den Preis eines Switches durch die Anzahl der Anschlüsse, die er zur Verfügung stellt, erhält man sie so genannten Portkosten (engl. port = Anschluss). Diese sind bei Core-Switches oft deutlich höher als bei einfacheren Switches. Access-Switches. Mit dem dreistufigen Switch-Konzept Core-/Aggregation-/Access-Switch lässt sich die Ausfallsicherheit des Netzes durch zusätzliche, so genannte redundante Verbindungen weiter erhöhen, wenn beispielsweise ein Aggregation-Switch mit zwei Core-Switches verbunden wird. Fällt eine Verbindung aus, können über die andere immer noch Daten übertragen werden. Nicht alle Switches können diese Funktion jedoch zur Verfügung stellen. Eine andere geläufige Bezeichnung für Aggregation-Switches ist **Distribution-Switches** (engl. distribution = Verteilung).

Bild 7.23: Beispiel für einen Aggregation-Switch.
(Produktfoto: MICROSENS).

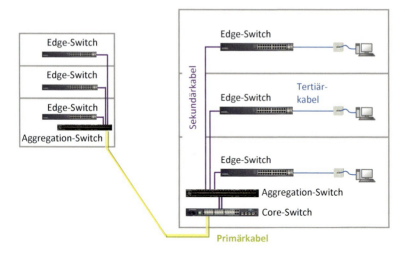

Bild 7.24: Beispiel für ein einfaches Netzwerk mit einem dreistufigen
Switchkonzept mit Core-, Aggregation- und Edge-Switches.
(Produktfotos: MICROSENS, Telegärtner).

Micro-Switch

Wie der Name schon sagt, handelt es sich bei **Micro-Switches** um
kleine Switches mit wenigen Anschlüssen. Typische Vertreter sind die
kompakten Switches der FTTO-Netze, die in der Nähe der Arbeitsplätze in Kabelkanäle, Bodentanks, Installationssäulen oder das Mobi-
liar eingebaut werden. Solche Micro-Switches werden in der Praxis
oft auch als **Installations-Switches** bezeichnet.

Bild 7.25: Beispiel für einen Micro-Switch.
(Produktfoto: MICROSENS).

7.4 Berechnungen zum Beispiel aus dem Vorwort

In diesem Kapitel wird kurz dargestellt, wie die Zahlenwerte der Beispiele aus dem Vorwort zustande kommen.

Zur Übertragungskapazität einer Glasfaser

Laut einem Bericht von WinFuture.de (Autor: Kahle, Christian; Titel: Glasfaser: Rekord von 1 Petabit/s in einem Kabel; 24.09.2012) gelang es Forschern in Japan bereits 2012, 1 Pbit/s in einem 12-faserigen Kabel zu übertragen. Das sind umgerechnet 84,5 Tbit/s pro Faser.

Nach dem Jahresbericht 2015 der Bundesnetzagentur betrug das in Festnetzen generierte Datenvolumen in jenem Jahr etwa 11,5 Mrd. Gbyte. Das entspricht durchschnittlich 2,9 Tbit/s.

Um die 84,5 Tbit/s der Faser zu erreichen, müsste sich das Datenvolumen fast verdreißigfachen. Dabei sind neue Entwicklungen der Glasfasertechnik, die immer leistungsfähiger wird, noch nicht einmal berücksichtigt

Zur Übertragungsgeschwindigkeit in Kupferdatenleitungen

Die Nervenleitgeschwindigkeit für Berührung und Druck beträgt beim Menschen vereinfacht circa 60 m/s, die Länge der Nerven zwischen Fingerspitze und Gehirn beträgt etwa 1 m (mit Schwankungen von Mensch zu Mensch). Unter diesen Voraussetzungen dauert es circa 0,017 s, bis der Schmerzimpuls vom Finger beim Gehirn ankommt.

Daten sind auf handelsüblichen Kupferdatenleitungen mit etwa 75 % der Vakuumlichtgeschwindigkeit unterwegs, was etwa 225.000 km/s oder umgerechnet 810 Mio. km/h ist. In 0,017 s legen die Daten dabei ungefähr 3.825 km zurück.

Die Entfernung zwischen Stuttgart und Island beträgt nach Google Maps circa 2.500 km Luftlinie, zwischen Stuttgart und den Azoren circa 3.050 km.

Und da behaupten manche Leute, Datentechnik sei langweilig ...

Literaturhinweise

25/40GBASE-T und Kategorie 8; Themenspecial, Telegärtner Karl Gärtner GmbH, Steinenbronn, 2021

App your Net – Neue Switch-Funktionalitäten mit professionellem Nutzen; Whitepaper, MICROSENS GmbH & Co. KG, Hamm, 2015

Anforderungen an die RJ45-Steckverbindertechnik; Themenspecial, Telegärtner Karl Gärtner GmbH, Steinenbronn, ohne Jahresangabe

Basiswissen Daten-/Netzwerktechnik; Themenspecial, Telegärtner Karl Gärtner GmbH, Steinenbronn, 2020

Connected and Efficient Buildings eBook; eBook, CommScope Inc., Hickory, North Carolina, USA, 2016 (in englischer Sprache)

Dezentrale Switching-Infrastruktur für moderne Gebäude; White Paper, MICROSENS GmbH & Co. KG, Hamm, 2015

Fachwörterbuch IT-Infrastrukturen; Traeger, Dirk; Fachbuch, Joachim Treiber MEISTERBUCHVERLAG, 2018

Fernspeisung über die Datenleitung; Whitepaper, Telegärtner Karl Gärtner GmbH, Steinenbronn, 2021

Fiber Optic Cables; Mahlke, Günther/Gössing, Peter, 4. Auflage, Publicis MCD Corporate Publishing, Erlangen und München, 2001

Hochverfügbarkeit ohne Kompromisse – Redundanzkonzepte in FTTO-Netzen; Verfasser: Bauer, Johannes; White Paper, MICROSENS GmbH & Co. KG, Hamm, 2014

Kenngrößen der IT-Verkabelung; Themenspecial, Telegärtner Karl Gärtner GmbH, Steinenbronn, ohne Jahresangabe

Kostenvergleich des FTTO-Konzepts mit einer strukturierten Verkabelung mit Etagenverteilern. Gutachten. Bad Honnef. WIK-Consult
GmbH, 2012

Kupferpatchkabel der Kategorien 6_A und 7; Standpunktpapier,
Telegärtner Karl Gärtner GmbH, Steinenbronn, 2021

Leitfaden Fiber Optic; Eberlein, Dr. Dieter, 2. Auflage, Dr. M. Siebert
GmbH, Berlin, 2012

Medical Switch; Produktinformation für Kliniken, Planer und Fach-
errichter, MICROSENS GmbH & Co. KG, 2017

Praxishandbuch Netzwerktechnik – Leitfaden für die Installation;
Treiber, Joachim, 3. Auflage, J. Schlembach Fachverlag,
Wilburgstetten, 2010

Safety first – Sichere Gebäudenetze durch dezentrale Infrastruktur-
lösungen; White Paper, MICROSENS GmbH & Co. KG, Hamm,
2015

Smart Office – Das IP-basierende Gebäudemanagement der neuen
Generation; White Paper, MICROSENS GmbH & Co. KG, Hamm,
ohne Jahresangabe

The Standards Advisor; Quarterly Newsletter, CommScope Inc.,
Hickory, North Carolina, USA, erscheint vierteljährlich (in englischer
Sprache)

Wer viel misst ... Praxistipps zur Messung von Kupferstrecken der
strukturierten Verkabelung; Traeger, Dirk, Joachim Treiber
Meisterbuchverlag, Leinfelden-Echterdingen, 2019

Dank

Ein Fachbuch ist meist nie die Arbeit eines einzelnen Autors. Zu diesem Buch haben eine Menge Leute beigetragen, bei denen ich mich gerne bedanken möchte:

Harald Käs für seine Anregungen und die Bestätigung, dass ein praxisorientiertes Buch über leistungsfähige IT-Infrastrukturen nötig ist.

Tanja Bensel, Heide Föllner, Heiko Hörner, Felix Klein, Thomas Lentzsch und Sylvia Lindner von der Telegärtner Karl Gärtner GmbH, Jessica Theyssen von der MICROSENS GmbH & Co. KG sowie René Trösch von CommScope für die tatkräftige Unterstützung. Dank auch an Huawei Deutschland für die Genehmigung, die Produktbilder zu verwenden, und an die Telecommunications Industry Association (TIA) und das IEEE für die freundliche Genehmigung, aus ihren Normen zu zitieren.

Großen Dank an meine Testleser Anneliese und Kirsten Traeger und Sina Marquardt, die sich durch ein Manuskript mit nur handschriftlichen Skizzen arbeiten mussten. Besonderen Dank schulde ich meiner Frau Gabi, die das Layout übernahm und die geduldig (und zu Recht manchmal brummelnd) auch meine Änderungen der Änderungen änderte.

Dank auch an all die Nichtgenannten, die dazu beigetragen haben, das Buch mit jedem Rat, jeder Information und jedem Kabel- und Steckermuster noch besser zu machen. Ich komme auf euch beim nächsten Buch wieder zurück (ist keine Drohung, ist eine Tatsache).

Über den Autor

Dirk Traeger

Jahrgang 1966, studierte Nachrichtentechnik an der Fachhochschule für Technik in Esslingen.
Praxiserfahrung sammelte er als Planer und Fachbauleiter/Projektleiter in zahlreichen Verkabelungsprojekten und bei Herstellern von Verkabelungskomponenten im In- und Ausland. Zu seinen beruflichen Aufgaben gehören die technische Beratung und praxisorientierte Schulungen für Installateure, Planer und Anwender weltweit sowie Vorträge auf Fachkongressen und Seminaren.

Er ist Autor zahlreicher Fachbücher, White Paper und Fachartikel zu wichtigen und aktuellen Themen der Daten-/Netzwerktechnik. Sein erstes Fachbuch schrieb er bereits als Student zusammen mit zwei Studienkollegen.

Neben Fachbüchern schreibt Dirk Traeger auch spannende Kinderbücher. Für *Silva Norica – Verschwörung im Moor* erhielt er den begehrten Literaturpreis LesePeter der Gewerkschaft Erziehung und Wissenschaft (GEW), die das Buch als „herausragendes aktuelles Werk der Kinder- und Jugendliteratur" auszeichnete (Näheres zu Dirk Traegers Kinderbüchern unter www.katiki.de).

Stichwortverzeichnis

Um die praktische Arbeit zu erleichtern, wurde das Stichwortverzeichnis auch gleichzeitig als Verzeichnis der Abkürzungen gestaltet. Wo es eine Abkürzung für einen Begriff gibt, ist diese in Klammer hinter dem Begriff angegeben und umgekehrt.

f. = „folgende", das Stichwort taucht auf der angegebenen Seite und der unmittelbar darauf folgenden auf (3 f. = Seite 3 und 4)
ff. = „fort folgende", das Stichwort taucht auf der angegebenen Seite und mehreren darauf folgenden auf (5 ff. = ab Seite 5 auf mehreren Seiten)
Wenn Begriffe auf verschiedenen Seiten erwähnt werden, weisen **fett gedruckte Seitenzahlen** auf eine ausführliche Erklärung hin.

Vom selben Autor:

Wer viel misst …
Praxistipps zur Messung von Kupferstrecken der strukturierten Verkabelung

Aus dem Inhalt:
- Wichtige Messparameter und was sie bedeuten
- Was ist wie zu messen?
- Was steht in den Normen?
- Tipps zu Fehlersuche und Fehlerbeseitigung
- Häufige Fehler beim Messen
- Tipps für genauere und verlässlichere Messungen

Das Messgerät zeigt FAIL – durchgefallen!
Wo könnte der Fehler liegen, und wie kann man ihn möglichst schnell und einfach beheben?

Dieses Buch gibt wertvolle Tipps, wo es sich lohnt nachzuschauen, bevor man Verteilfelder und Dosen tauscht und Kabel neu einzieht – und was beim Messen tun und was man lieber lassen sollte. Es entstand aus der langjährigen Praxis des Autors als Planer, Fachbauleiter und Schulungsleiter für Zertifizierungsschulungen in der Daten-/Netzwerktechnik.
Es ist handlich, weil es sich auf die wesentlichen Punkte konzentriert. Nur so viel Theorie wie unbedingt nötig, dafür jede Menge Praxistipps. Und weil es leicht ist, kann es dorthin mitgenommen werden, wo gearbeitet und gemessen wird.

Erhältlich im Buchhandel und unter **www.katiki.de**

Vom selben Autor:

Fachwörterbuch IT-Infrastrukturen
Englisch – Deutsch / Deutsch – Englisch
Eine Sammlung von Begriffen aus der Praxis

Aus dem Inhalt:
- Kupferverkabelung
- LWL-Verkabelung
- Werkzeuge und Arbeiten
- Messtechnik
- Gestelle und Schränke
- Kabelwege und Kabelführung
- Stromversorgung
- Rechenzentrum
- Gebäudeautomation
- Videoüberwachung
- Normen
- Verkabelung im Außenbereich
- Wichtige Größen und deren Umrechnung

Nennt man eine RJ45-Buchse auf Englisch *socket* oder *jack*?
Richtig ist *jack*; *socket* wird meist für eine Steckdose verwendet.
Ein *rack* ist kein Verteilerschrank, sondern ein offenes Gestell;
Verteilerschrank heißt auf Englisch *cabinet*.

Dieses Buch bringt Klarheit in den verworrenen Gebrauch englischer Fachbegriffe der IT-Infrastruktur. Es ist eine Sammlung von Begriffen, wie sie dem Autor in seiner langjährigen Praxis der Daten-/Netzwerktechnik in amerikanischen, britischen und deutschen Unternehmen begegnet sind.

Erhältlich im Buchhandel und unter **www.katiki.de**

Vom selben Autor noch was ganz anderes:
Spannende Kinderbücher
für das Lesealter von 8 bis 11 Jahren

Silva Norica – Ein Wald voller Abenteuer

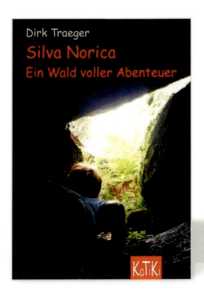

*Alles fing so harmlos an. Ein unter-
irdischer Gang führt Patrick in das
Abenteuer seines Lebens! Im Silva
Norica, dem Nordwald, muss Patrick
sich in einer mittelalterlichen Welt
zurechtfinden. Wie gerne würde er
wieder nach Hause, doch der Gang,
durch den er kam, ist verschwunden.
Nur ein magischer Kristall kann einen
Weg zurück öffnen. Um ihn zu be-
kommen, muss Patrick sich seinen
Weg quer durch geheimnisvolle
Wälder voller Gefahren und
Abenteuer bahnen.
Doch Patrick ist nicht allein ...*

„Es ist ein tolles Abenteuerbuch mit vielen lustigen und spannenden
Momenten. Leider viel zu kurz." Marvin Schulze, 11 Jahre

„Wenn man einmal anfängt zu lesen, dann hört man gar nicht mehr
auf!" Laura Engelbrecher, 11 Jahre

Für *Silva Norica – Verschwörung im Moor* erhielt Dirk Traeger den be-
gehrten Literaturpreis LesePeter der Gewerkschaft Erziehung und
Wissenschaft (GEW), die das Buch als „herausragendes aktuelles
Werk der Kinder- und Jugendliteratur" auszeichnete.

Erhältlich im Buchhandel und unter **www.katiki.de**

•Sachkundiger für Gebäude-
Infrastruktur-Verkabelung (GIV)

BdNI Bildungsinitiative der Netzwerk-Industrie

Zertifizierungen und Seminare zur IT-Infrastruktur:
- Kupfer- und Lichtwellenleiter-Übertragungstechnik
- RZ-Infrastruktur
- WLAN
- FTTH/FTTX
- Messtechnik

und vieles mehr online unter www.bdni.de.

Ihr Vorsprung: Lassen Sie sich als „Sachkundige/r für Planung, Errichtung und Prüfung von Kommunikationskabelanlagen (GIV-Sachkundige/r)" nach der Richtlinie VdS 3117 zertifizieren! Gerne bieten wir Ihnen hierzu unsere umfangreiche Beratung an, um gemeinsam mit Ihnen das für Sie optimale Seminarpaket zusammenzustellen.

BdNI Akademie e.K.
Offizielles Organisationsbüro der BdNI
Hauptstraße 216
77866 Rheinau
Telefon +49 (0) 7844-9181855
Fax +49 (0) 7844-9181856
Internet www.bdni.de
E-Mail gerlach@bdni.de